Christoph Kardinal Schönborn

DER MENSCH
als Abbild Gottes

Christoph Kardinal Schönborn

DER MENSCH
als Abbild Gottes

SANKT
ULRICH
VERLAG
GmbH

Erweiterte Lizenzausgabe von:
L'homme et le Christ à l'image de Dieu
© 2007 by Parole et Silence, Sion/CH

Die französischen Texte übersetzte Maria Linnig

Bibliographische Information der Deutschen Bibliothek

Die Deutsche Bibliothek verzeichnet diese Publikation in der
Deutschen Nationalbibliographie; detaillierte bibliographische Daten
sind im Internet über http://dnb.ddb.de abrufbar.

© 2008 by Sankt Ulrich Verlag GmbH, Augsburg
Alle Rechte vorbehalten
Umschlagbild: akg-images und photocase
Umschlaggestaltung: uv media, werbeagentur
Mediengruppe Sankt Ulrich Verlag, Augsburg
Druck und Bindung: Ludwig Auer GmbH, Donauwörth
Printed in Germany
ISBN: 978-3-86744-070-7
www.sankt-ulrich-verlag.de

INHALT

VORWORT 7

CHRISTUS, DER SCHÖNSTE
UNTER DEN MENSCHEN 11

DER MENSCH, EIN GESCHÖPF GOTTES:
GRUNDLAGE DER MENSCHLICHEN WÜRDE 37

LEBEN IN FÜLLE 87

KUNST UND REALE GEGENWART 117

ANMERKUNGEN 145

NACHWEISE 160

VORWORT

Niemand hat Gott je gesehen" (Joh 1,18). Gott ist der Unbegreifliche, Unfaßbare, Unsichtbare, Unendliche. Und doch heißt es von Jesus, dem Christus: „Er, der Einzige, der Gott ist und am Herzen des Vaters ruht, er hat Kunde gebracht" (Joh 1,18). Jesus kann zu Philippus sagen: „Wer mich gesehen hat, hat den Vater gesehen" (Joh 14,9).

Jesus „ist das Ebenbild des unsichtbaren Gottes" (Kol 1,15). In ihm wird der Unsichtbare sichtbar. Jesus ist das menschliche Antlitz Gottes, seine Gegenwart in Menschengestalt. Das ist der Kern der christlichen Botschaft. Alles weitere folgt daraus: das christliche Menschenbild, das Verständnis von Gesellschaft, Kultur, Kunst. Christus ist wirklich die Mitte, das Alpha und das Omega. Von ihm heißt es bei Paulus: „In ihm wurde alles erschaffen … alles ist durch ihn und auf ihn hin geschaffen … in ihm hat alles Bestand" (Kol 1,16–17).

Es gehört zu den dringendsten Aufgaben heutiger Glaubensvermittlung, die Zusammenhänge aufzuzeigen, die das christliche Gottesbild mit allen Bereichen des persönlichen und gesellschaftlichen Lebens verknüpfen. Papst Benedikt XVI. ist der hervorragende Lehrer, der unermüdlich die Bezüge von Glauben und

Vernunft aufzeigt und uns ermutigt, denkerische Rechenschaft über den Grund unserer Hoffnung zu geben (vgl. 1 Petr 3,15).

Die vier in diesem Band gesammelten Beiträge versuchen, von Christus als der Mitte ausgehend, Rechenschaft über die Schönheit und die Kohärenz unseres Glaubens zu geben. Das gottmenschliche Geheimnis Jesu ist der Schlüssel. Im menschgewordenen Sohn Gottes leuchtet die Herrlichkeit Gottes im menschlichen Tun und Reden Jesu auf, in seinem Leben und Sterben und in seiner Auferstehung.

Die zweite Studie, ursprünglich für die Internationale Theologenkommission verfaßt, zeigt die Konsequenzen des Christusbekenntnisses für die unbedingte Würde jedes Menschen auf. Hier allein ist eine letzte Absicherung der Menschenwürde garantiert. Geschichte und Gegenwart zeigen, wie schnell dieser Rückhalt verlorengeht, wenn die Einzigartigkeit der menschlichen Person nicht mehr in Gottes unbedingtem Ja zu jedem Menschen verankert ist.

Der dritte Beitrag, eine Vorlesung auf den Salzburger Hochschulwochen von 2002, geht den Spuren des gottmenschlichen Geheimnisses im menschlichen Leben, ja im Phänomen des Lebens überhaupt nach. Ausgehend vom Staunen über die Möglichkeit von Leben im Universum, auf unserem kleinen Planeten, kommt die Frage nach dem auf, was das Leben von uns Menschen zum wirklich gelebten, lebendigen macht. Augustins wunderbares Wort von der *vita vere viva* gibt die Antwort: Es ist die Verbundenheit mit dem, der von sich selber sagen kann: „Ich *bin* die Auferstehung und das Leben" (Joh 11,25).

Der vierte Beitrag kehrt wieder zum Antlitz Christi zurück. Es ist eine Meditation über das Christusbild und seine Bedeutung für die Kunst. Was George Steiner als das Kennzeichen lebendiger Kunst sah, daß sie nämlich „von realer Gegenwart" zeugt, ist wohl unüberbietbar im Christusbild verwirklicht.

Im Titel dieses Buches steht „der Mensch" als Abbild Gottes. Ich verstehe dies als Bekenntnis zu dem, in dem unser aller Würde und Schönheit ihre letzte göttliche Besiegelung erhalten hat: zu Jesus, dem Christus, dem Sohn des lebendigen Gottes! Wenn dieses Buch das Vertrauen zu ihm, die Freundschaft mit ihm, das Zeugnis für ihn fördert, dann wüßte ich keinen schöneren Erfolg.

+Christoph Kard. Schönborn

Kirchberg am Wechsel,
am 30. Juli 2008,
Fest des hl. Petrus Chrysologus

CHRISTUS,
DER SCHÖNSTE
UNTER DEN MENSCHEN

EINLEITUNG

Zu Beginn dieser Meditation möchte ich einen kurzen Blick auf das Fest Christi Himmelfahrt werfen. Die Engel sagen zu den „Männern von Galiläa", die unverwandt auf die Wolke schauen, die Jesus aufnahm und ihn ihren Blicken entzog: „Dieser Jesus, der von euch ging und in den Himmel aufgenommen wurde, wird ebenso wiederkommen, wie ihr ihn habt zum Himmel hingehen sehen" (Apg 1,11).

Vor über 30 Jahren kommentierte ich in meinem Buch *Die Christus-Ikone* dieses Engelwort so: „Die Verheißung, daß er ‚ebenso' wiederkommen werde, wie sie ihn jetzt haben auffahren sehen, bedeutet den Auftrag an die zurückbleibenden Jünger, an die Kirche, das Gedächtnis seines Antlitzes wachzuhalten (…) Die Ikone ist ein Ausdruck dieser lebendigen Erinnerung: Sie gedenkt nicht nur eines Menschen aus ferner Vergangenheit, sondern dessen, der *als Mensch* durch Leid und Kreuz verherrlicht wurde, der *jetzt* lebt und ‚für uns beim Vater eintritt' und dessen Wiederkunft uns verheißen ist. Die Ikone ist ein Bindeglied zwischen Menschwerdung und Wiederkunft, zwischen erster und letzter Ankunft des Herrn. Die Ikone hält nicht nur das Gedächtnis der Menschwerdung wach, sie erinnert ständig auch an die verheißene Wiederkunft Christi. Deshalb hält die Ostkirche die Christusikone für ein unaufgebbares Element des christlichen Bekenntnisses. Sie sieht in der Ikone eine ‚Kurzfassung' des Glaubensbekenntnisses.“[1]

Die Christus-Ikone: Für viele Christen ist die Ikonen-Tradition der Ostkirche, ihre Malerei und ihre Spiritualität, zu einem Sammelpunkt, zu einem Begegnungsort für alle Christen geworden. Die Ikone ist sozusagen allgegenwärtig in der Kirche, sowohl im Osten als auch im Westen. Ihre Sprache, ihre Symbolik und ihre Strahlkraft scheinen wirklich die Herzen vieler unserer Zeitgenossen zu berühren. Die Ikonenkunst ist heutzutage ein bevorzugter Ausdruck des christlichen Glaubens. Oft wurde die Frage aufgeworfen, wie sie es geschafft hat, sich diesen Status zu erwerben.

Vielleicht handelt es sich auch um eine Modeerscheinung (das werfen manche orthodoxen Kreise den Christen des Westens vor, weil sie den Eindruck haben, daß diese die Tradition des Ostens mißbräuchlich „benutzen“). Ich denke, daß es tiefere Gründe gibt. Der *sensus fidei* begreift die Ikonentradition des Ostens als eine Art „kanonischen“ Ausdrucks unseres Glaubens, eines Ausdrucks, der die Moden und kulturellen Schwankungen übersteigt. Die Ikonenkunst ist nicht zeitlos, sie kennt stilistische Variationen, unterschiedliche Schulen und „kulturelle Färbungen“, sie ist nicht statisch oder unbeweglich, wie man ihr oft vorgeworfen hat. Worin liegt also das Geheimnis ihrer Anziehungskraft, der Schlüssel zum Verstehen ihres Mysteriums, und der Grund ihrer großen Ausdrucksbeständigkeit?

Ich denke, daß der letzte Grund im Geheimnis Christi selber zu suchen ist, im fleischgewordenen Wort, im menschgewordenen Gott, der damit „umschreibbar" geworden ist, wie der heilige Theodoros Studites und der heilige Nikephoros von Konstantinopel, die Heiligen, die die Bilderkunst verteidigten, gerne sagten. Jenseits aller kulturellen Einflüsse, der Verbindungen zu vorchristlichen ikonographischen Traditionen und der künstlerischen Variationen findet sich ein gemeinsamer Kern, eine einzigartige Quelle der Ikonenkunst: das Geheimnis des heiligen Antlitzes Jesu Christi. Es gibt dieses einzigartige Gesicht, *diesen Jesus,* den die Apostel kannten, mit dem sie gegessen und getrunken hatten, den sie verklärt und verhöhnt erlebt hatten, dessen göttliche Herrlichkeit auf dem Tabor erstrahlte und der gegeißelt und mit Dornen gekrönt worden war. Es ist das einzigartige Gesicht Jesu, des Sohnes Marias, des Sohnes Gottes, das sich im Gedächtnis des Petrus eingrub. Es ist der Blick dessen, den Petrus einen Moment zuvor verleugnet hatte und der ihn so anblickte, daß nichts in der Welt ihn aus dem Gedächtnis und dem Herzen des Petrus auszulöschen vermochte.

Dieser Jesus ist die Grundlage der Ikone, ihrer Treue (die manche als Immobilismus bezeichnen, oder besser: karikieren) und ihrer unveränderten

Anziehungskraft. Sie zieht deshalb an, weil sie die *Christus*-Ikone ist. Weil wir Christus *sehen* wollen, spricht uns die Ikone an. Weil die Gläubigen (und selbst auch oft die Nicht-Glaubenden), wenn sie eine Christusikone anschauen, „Das ist Jesus!" sagen können, spricht diese sie an. Es liegt nicht so sehr an ihrer künstlerischen Qualität, so bedeutsam und wesentlich dies auch ist, denn sie stellt eine wahre *Brücke* zu der Begegnung mit Christus dar. Was in der Ikonenkunst zählt, ist also nicht so sehr der Rang des Kunstwerkes als die Strahlkraft der Gegenwart Christi selber.

Ich gehe hier nicht näher auf die Diskussionen über die Ästhetik der Ikonen, den spezifisch künstlerischen Aspekt, ein. Dazu gibt es gute sachkundige Studien. Ich möchte Ihre Aufmerksamkeit auf ein erstaunliches Faktum lenken, das mich sehr berührte, als ich die Literatur zum Bilderstreit des 8. und des 9. Jahrhunderts, dem großen Kampf für oder wider die heiligen Bilder im Christentum, studierte. In der ganzen Literatur fand ich nicht die Spur einer *ästhetischen* Diskussion. Die Frage nach der *Schönheit* der heiligen Bilder spielte sozusagen keine Rolle. Jedenfalls habe ich nichts darüber gefunden.[2] Wie ist das zu erklären? Eine erste Erklärung habe ich in der *Christus-Ikone* vorgelegt: „Die Kunst als solche stand (…) damals nicht in Frage. Es ging um die Grenzen des Kunstgebrauchs. Die Bilderfeinde in Byzanz wollten die Kunst dem profanen Bereich vorbehalten" (ebd.). Die Bilderfeinde, wie auch der Islam, gestanden der Kunst ein Existenzrecht zu, jedoch sollte sie sich auf den profanen Bereich beschränken. Der Ikonoklasmus entsprach gewissermaßen einer radikalen Säkularisierung der Kunst; man nahm der künstlerischen Aktivität den sakralen Charakter. Sie sollte nur noch dekorativ sein und das profane Leben ausschmücken. Hinter der Verwerfung jeglichen sakralen Charakters steht jedoch mehr als nur eine Säkularisierung der künstlerischen Aktivität, nämlich eine bestimmte Auffassung davon, was „christlich" ist und was dementsprechend das Geheimnis Christi ausmacht. Es ist bezeichnend, daß es in der *ganzen* Diskussion, die auf die Verteidigung der christlichen Kunst, der sakralen Christus- und Heiligenbilder, angelegt war, um das Geheimnis Christi ging.

Es ist mir bei meinen Untersuchungen zum Bilderstreit aufgefallen, mit welcher Klarheit die Bilderverteidiger in dieser Diskussion nicht die ästhetische Frage als den entscheidenden Punkt erkannten, sondern vielmehr die *christologische Frage*. Die Väter des II. Konzils von Nizäa (787) waren sich dessen sehr wohl bewußt. Für sie war die Erklärung der Legitimität der Christusikonen eine Bestätigung des Bekenntnisses der Gottheit Christi (Nizäa I) und seiner Gott-Menschheit (Chalkedon). Die Orthodoxe Kirche feiert jedes Jahr in der Liturgie des ersten Fastensonntags den endgültigen Sieg der Bilderverteidiger im Jahre 843 als „Triumph der Rechtgläubigkeit".

Die Christusikone – eine Kurzfassung des christlichen Glaubens! Das mag man für eine Übertreibung halten. Wenn man jedoch näher hinsieht, stellt man fest, daß dies keineswegs der Fall ist. Erlauben Sie mir, Ihnen dies kurz in zwei Schritten zu erläutern.

I.
EINE NEUE PERSPEKTIVE

Am Ende meiner Untersuchungen über die theologischen Grundlagen der Christusikone kam ich zu folgendem Schluß: Es besteht „eine enge Beziehung zwischen Kunstauffassung und Sicht des gottmenschlichen Geheimnisses Christi. Die Menschwerdung hat nicht nur die Gotteserkenntnis verwandelt, sie hat auch den Blick des Menschen auf die Welt, auf sich selbst, auf sein Tun in der Welt verwandelt. Auch die Tätigkeit des Künstlers wurde von der Anziehungskraft dieses Geheimnisses erfaßt. Kam Christus, den ganzen Menschen zu erneuern, ihn nach seinem Bild zu gestalten, dann gilt auch, daß der Blick, die Sensibilität, die schöpferische Kraft des Künstlers in diese Neugestaltung einbezogen ist. Betrachtet man den Bilderstreit in dieser Perspektive, dann erscheint der Versuch, die Kunst nur in den profanen Bereich einzuschließen, als eine tiefe Krise in der gottmenschlichen Sicht der Welt und des Menschen."[3]

Diese Behauptung, die immer mehr an Aktualität gewinnt, läßt sich verifizieren am Verhältnis des Islam zur Sakralkunst. Ich bin kein Fachmann in dieser Frage; ich stütze mich jedoch auf sachkundige Studien. Die Tatsache, daß der Islam generell das anthropomorphe Bild verwirft und nur Ornamentik und Kalligraphie zuläßt, ist nicht das Ergebnis einer Theorie über die Kunst und die Ästhetik, sondern die direkte Konsequenz seiner Vorstellung vom einen Gott, dem nichts in dieser Welt ähnelt, den nichts abbilden, darstellen oder auch nur irgendwie symbolisieren kann. Bei meiner Reise in den Iran (2001) war ich überrascht, mit wieviel Nachdruck man mir erklärte, daß ich nicht vom menschlichen Bild Gottes sprechen dürfe. Was für den jüdisch-christlichen Glauben glasklar ist und was das Geheimnis der Menschwerdung eindringlich bestätigt, nämlich daß der Mensch wirklich *ad imaginem et similitudinem* seines Schöpfers geschaffen ist, das verwirft der Islam entschieden. Gott ist einzig und ohnegleichen: in der *Súrat al-Tawhíd* (Kor. *CXII), die jeder Muslim täglich rezitiert, heißt es: „Sprich: Er ist Gott, der Eine, Er ist Gott, der Einzige. Er hat weder gezeugt, noch ist er gezeugt worden. Niemand kommt ihm gleich" (genauer: „entspricht ihm").

Es existiert also keine Abbildung Gottes in der Welt. Die Ikonenlosigkeit des Islam ist nicht in erster Linie in einer ästhetischen Theorie begründet. Sie resultiert aus der Tatsache, daß die islamische Religion den einen Gott so versteht, daß dieser nicht dargestellt werden kann. Nur das Licht in der Moschee, das *mihr"b*, soll nach Ansicht von Fachleuten eine metaphorische Erinnerung an das Göttliche sein. Das Licht ist aber gerade form- und bildlos.[4]

20

Anders verhält es sich mit dem christlichen Glauben. Da der Schöpfer durch sein Geschöpf spricht, sind die Spuren des Göttlichen wirklich „lesbar", wenn auch nicht ohne Schwierigkeiten. Vor allem der Mensch, wahrer Statt-Halter Gottes in dessen Schöpfung, ist derjenige, der nach dem Bild Gottes geschaffen ist. Das Bilderverbot im Alten Bund hat eher pädagogischen als ontologischen Sinn. Da das Herz des Menschen eine Götzenfabrik ist, mußte jedwede Versuchung zum Götzendienst beseitigt werden. Grundsätzlich aber gibt Gott sich durch seine Werke zu erkennen. Dies ist die Eingangspforte der Sakralkunst.

Das gottmenschliche Geheimnis Christi vertieft die Ordnung der Schöpfung und verleiht ihr die endgültige Gestalt. Es existiert wirklich ein menschliches Gesicht, das das „Ebenbild des unsichtbaren Gottes" (Kol 1,15) ist. Da das Wort Fleisch geworden ist, da Christus Gott gleich war, aber wie ein Sklave wurde und eine konkrete Menschheit annahm, sind die menschliche Wirklichkeit und die Dinge dieser Welt zu Stätten seiner Gegenwart geworden, die sein Ausdruck, seine Spur und seine Sprache sein konnten.

Für mich sind Caravaggios Gemälde ein besonders dichter Ausdruck dieses „gottmenschlichen" Fundaments der Kunst, die sich auf christlichem Boden entwickelte. Die *Madonna dei pellegrini* in der Kirche St. Augustinus in Rom ist in meinen Augen ein packendes Beispiel dafür. Die Pilger knien barfuß (und ganz verstaubt) vor dieser Madonna mit ihrem Kind, das bereits zu groß ist, um noch von seiner Mutter auf dem Arm getragen zu werden: all das zeugt von einem „fleischlichen" Realismus, wie Charles Péguy sagen würde, der schockieren könnte (und in der Tat schockierte), wenn man ihm den Sinn für das Heilige und die sakrale Dimension abspricht. Eben dieser fleischgewordene Realismus ist es jedoch, der es uns ermöglicht, uns dem Heiligen, Christus und seiner Mutter, die der Erde auf diese Weise so nahestehen, zu nähern.

Der christliche Glaube an die Menschwerdung findet sich am Ursprung einer Kunst, die sich mit soviel Aufmerksamkeit über die Dinge der Erde beugt. Ich wage es zu glauben, daß sich die große Entfaltung sowohl der sakralen als auch der profanen Kunst in der christlichen Welt vor allem (ohne andere Quellen zu leugnen) von diesem unerhörten *Ja* zur Erde, das die Menschwerdung des Sohnes Gottes darstellt, nährt. Die Bejahung des Konkreten, der Materie, der sichtbaren Welt, findet sich an der Wurzel der mächtigen Schaffenskraft, die die Kunst im Westen kennt. Ich gebe gerne zu, daß diese Behauptung der Vertiefung bedarf, die unsere Arbeitsgruppen anreißen können.

II.
CHRISTUS IST DIE SCHÖNHEIT

Ich wage es, noch etwas weiterzugehen. Wir kennen alle die klassische Lehre von den „Transzendentalien", dem Wahren, dem Guten und dem Schönen. Alle diese Attribute sind nicht etwas, was außerhalb von Gott wäre. Sie sind Gott selber. Er *ist* die Wahrheit und das Gute, er *ist* die Liebe, er *ist* die Schönheit. Die Wahrheit und die Güte, die Liebe und die Schönheit sind, wie die Scholastiker sagen, *konvertibel* und koinzidieren mit dem Wesen Gottes.

Jede geschaffene Schönheit ist Teilhabe an der unendlichen Schönheit des göttlichen Seins. Wenn dies wahr ist, dann müssen wir einen Schritt weitergehen und sagen, daß das Wort, indem es Mensch geworden ist, die Güte und die Liebe, die Wahrheit und die unendliche Schönheit „eingefleischt" hat. Christus ist „der schönste unter den Menschenkindern" nicht aufgrund seiner besonderen ästhetischen Eigenschaften, sondern weil er die *fleischgewordene Schönheit* Gottes ist. Sein ganzes Wesen ist Liebe und Wahrheit, Güte und Schönheit.

Wenn Christus also in Wahrheit von sich selber sagen kann: „Ich bin der Weg, die Wahrheit und das Leben", dann kann er genausogut sagen: „Ich bin die Schönheit". Christus kann von sich sagen, was nur Gott allein sagen kann: „Ich bin". Das Sein, das Wahre und das Gute sind gemäß scholastischer Terminologie „konvertibel". Wenn Christus *die Wahrheit* und *die Güte* ist, dann ist er auch das, was ihren Glanz ausmacht: *die Schönheit: Splendor Veritatis, Splendor Boni!*

Irenäus von Lyon sagt: „Christus hat bei seinem Kommen in seiner Person jegliche Neuheit mitgebracht". Um den zweiten Schritt unserer kleinen Meditation zusammenzufassen, würde ich diesen Ausspruch paraphrasieren: „Christus hat in seiner Menschwerdung in seiner Person *jegliche Schönheit* mit sich gebracht". Er ist der Maßstab *der Schönheit,* er ist es, der durch sein Kommen eine neue Sichtweise der Schönheit gebracht hat. Er ist sozusagen die „Richtschnur der Schönheit". Er hat nicht nur die ursprüngliche Schönheit der durch die Sünde und das Böse verlorenen und profanierten Schöpfung wiederhergestellt, sondern er hat in seiner Person auch die *Quelle jeder Schönheit* mitgebracht. Aus ihm ergießen sich die lebendigen Wasser der Schönheit über die Welt. Und alle Schönheiten der Welt, seien es Schönheiten der Natur, der Tugend oder der Kunst, sind Ausstrahlungen seiner Schönheit.

„Du bist der Schönste von allen Menschen" – wenn man diese Worte des Königspsalms als Ankündigung Christi liest, dann bedeuten diese nicht, daß Jesus nach den von einer weltlichen Ästhetik vorge-

gebenen Kriterien das vollkommenste Schönheits-
modell wäre. „Du bist die Quelle jeglicher menschlichen Schönheit". In dir wird uns offenbart, was
Schönheit ist, und von dir erhalten wir den rechten
Blick, um sie zu sehen, die Kriterien, um sie zu erkennen, und die Kraft, um sie nachzuahmen und
auszustrahlen.

III.
CHRISTUS NIMMT UNS MIT AUF DEM WEG SEINER SCHÖNHEIT

Wir müssen also Christus, die Quelle göttlicher Schönheit, die uns durch seine Menschwerdung wieder zugänglich geworden ist, anschauen und meditieren.

Ich wage es, Ihnen eine meiner Überzeugungen vorzulegen, eine Intuition, die, so glaube ich, sich auf vielfältige Weise bewahrheitet: „Da, wo Christus ist, da ist die Schönheit". Da, wo sich Herz, Verstand und Leben Christus öffnen, da hat die Schönheit freien Lauf, da ergießen sich die Leben spendenden Ströme über eine durch die Sünde entwürdigte und durch die Häßlichkeit des Bösen entstellte Welt.

Seit zweitausend Jahren bewahrheitet sich dies. Wir müssen also schauen, wie die Samen der Schönheit, die Christus sät, wachsen und Frucht bringen.

Beschäftigen wir uns zunächst mit der schönsten Frucht der Schönheit Christi: *der Heiligkeit*. Es gibt keinen besseren Beweis für die gottmenschliche Wahrheit und Güte Christi als diese Milchstraße, diese lichtvolle Wolke der zahllosen Heiligen, die

Christus in den Bannkreis seiner Nachfolge gezogen hat. Es gibt nichts Schöneres auf der Welt als die Heiligkeit. Von den Heiligen kann man sagen, was der Hebräerbrief über Christus sagt: sie sind gleichsam „Abglanz seiner Herrlichkeit" (Hebr 1,3). Ich denke, es genügt, darauf hinzuweisen, um sich davon überzeugen zu lassen.

Kardinal Ratzinger, ein großer Freund und Kenner der franziskanischen Tradition, hat häufig die Aufmerksamkeit auf folgende beeindruckende Tatsache gelenkt: der Poverello aus Assisi, der nichts anderes wollte, als nur dem armen und gedemütigten Christus nachzufolgen, hat nicht nur eine große geistliche Bewegung in der Kirche hervorgerufen, sondern auch eine Lichtspur *künstlerischer Schönheit* bewirkt. Giotto, Cimabue, um nur diese beiden zu nennen, sind Vertreter einer wahren Explosion künstlerischer Schaffenskraft, die bis heute den größten Kunstschatz Europas, ja sogar der Welt – wage ich zu sagen – darstellt. Christus, der durch seinen Heiligen Geist soviel Heiligkeit bewirkt, ist auch die lebendige Quelle von so viel künstlerischer Schönheit. Wie könnte man eine so klare Tatsache ignorieren?

In seinem Theaterstück *Bruder unseres Gottes* über den hl. Bruder Albert spricht Karol Wojtyla, unser verehrter Papst Johannes Paul II., von „dieser anderen Schönheit, der Schönheit der Barmherzigkeit". Wie könnte man übersehen, was sonnenklar ist:

Christus hat der Welt „diese andere Schönheit, die Schönheit der Barmherzigkeit" geschenkt. Was wäre unsere Welt ohne *die Realität* der Barmherzigkeit? Weil wir alle, bewußt oder unbewußt, davon leben, laufen wir Gefahr, nicht mehr zu *sehen,* wie sehr die Schönheit der Barmherzigkeit vom Herzen Jesu, der unerschöpflichen Liebesflamme, her in unsere harte und unmenschliche Welt hineinstrahlt.

Im Rahmen dieser kurzen Meditation soll der Hinweis auf die drei lichtvollen Wege der Schönheit Christi genügen: die Heiligkeit, die Kunst, die aus ihr ihre Inspiration schöpft, und die Barmherzigkeit, die jene ausstrahlt.

Zum Abschluß möchte ich Ihnen zunächst einen Text des hl. Augustinus vorlesen, der den Psalm 45, Vers 3: „Du bist der Schönste von allen Menschen" kommentiert. Wir könnten andere Textstellen zitieren, vor allem die eindrucksvolle Stelle seines Kommentars über den ersten Johannesbrief, wo er von zwei anscheinend widersprüchlichen Bibeltexten spricht: dem Psalm 45, den ich eben zitierte, und dem Vierten Gottesknechtslied, wo vom Gottesknecht gesagt wird, daß er „keine schöne und edle Gestalt (hatte), so daß wir ihn anschauen mochten. Er sah nicht so aus, daß wir Gefallen fanden an ihm. Er wurde verachtet und von den Menschen gemieden, ein Mann voller Schmerzen ..." (Jes 53,2–3). In einer Botschaft beim „Meeting der Völker" in Rimini im Jahre 2002 hat der Heilige Vater diese Stellen auf bewundernswerte Weise kommentiert. Eine ganze Reihe anderer Vätertexte handelt von der Gegensätzlichkeit dieser beiden prophetischen Weissagungen. Ich beschränke mich darauf, aus den *Enarrationes in Ps 44* des Augustinus zu zitieren:

„Der Moment ist gekommen, diese prophetische Weissagung auf ihn zu beziehen: Seht den Bräutigam selbst, wie er sich uns zeigt: laßt uns ihn lieben, oder besser, laßt uns ihn nicht lieben, wenn wir an ihm Häßliches finden. Wieviel Häßliches hat er in uns gefunden! Und dennoch hat er uns geliebt! Wenn wir Häßliches an ihm vorfinden, laßt uns ihm unsere Liebe verweigern. Aber selbst als er sich mit unserem Fleisch bekleidete und so weit ging, daß man von ihm sagte: ‚Wir haben ihn gesehen; er hatte keine schöne und edle Gestalt‘ (Jes 53,2), selbst in dem Moment ist er schön, wenn du seine Barmherzigkeit anschaust, die ihn dazu brachte, Mensch zu werden. Der Prophet sprach jedoch im Namen der Juden, als er sagte: ‚Wir haben ihn gesehen; er hatte keine schöne und edle Gestalt‘. Warum? Weil sie nichts von ihm verstanden. Für diejenigen aber, die den Sinn des Wortes: ‚Und das Wort ist Fleisch geworden‘ (Joh 1,14) begriffen, liegt hier eine große Schönheit vor. ‚Was mich betrifft, sagt Paulus, so möge Gott mich davor bewahren, mich zu rühmen, es sei denn, daß ich mich des Kreuzes unseres Herrn Jesus Christus rühme.‘

Seiner nicht zu erröten, das wäre noch zu wenig, man sollte sich auch seiner rühmen! Wie kommt es aber, daß er weder eine edle noch eine schöne Gestalt hatte? ‚Weil das Törichte an Gott weiser ist als die Weisheit der Menschen, und das Schwache an Gott stärker als die Stärke der Menschen‘ (1 Kor 1,23–25). Uns, die wir gläubig sind, muß der Bräutigam immer schön erscheinen. Schön aufgrund seiner Gottheit, als ‚Wort in Gott‘; schön im Schoß der Jungfrau, in dem er, ohne seine Gottheit zu verlieren, eine Menschheit angenommen hat; schön als Wort, das als Kind zur Welt kommt, denn als er ein Kind war, an der Mutterbrust trank und auf den Armen getragen wurde, da hat der Himmel gesprochen, die Engel sangen sein Lob, ein Stern brachte die Weisen zu ihm und er wurde in einer Krippe, einem Futtertrog für Tiere, angebetet! Er war also schön im Himmel und schön auf Erden; schön in seinen Wundertaten und schön unter den Geißelhieben; schön, als er die Menschen zum Leben einlud und den Tod verachtete; schön, als er seine Seele übergab; schön, als er sie wieder nahm: schön am Holze des Kreuzes; schön im Grab, schön im Himmel. Versteht doch das Lied, das ihr hört. Die Schwachheit des Fleisches soll eure Augen nicht vom Glanz seiner Schönheit ablenken. Die höchste und wahre Schönheit ist die Gerechtigkeit; du kannst keine Schönheit dort erblicken, wo Ungerechtigkeit herrscht. Ein vollkommen Gerechter ist auch vollkommen schön. Möge er sich den Augen eurer Seele zeigen."

Schön ist alles, was zu Christus gehört: so können wir diesen Text des Augustinus zusammenfassen. *Es ist schön, weil es zu Christus gehört,* weil alles in ihm Gerechtigkeit, Barmherzigkeit und Liebe ausstrahlt.

Wie kann man dies noch klarer sagen? War Pater Pio schön? Zweifellos nicht – gemäß den Kriterien dieser Welt; zweifellos doch – gemäß der Schönheit Christi. Sorin Dumitescu, ein hervorragender Künstler (und mutiger Verleger), der zeitgenössische Ikonen malt, hat einen Kalender mit zwölf Fotos von rumänischen, orthodoxen Starzen in Nahaufnahme veröffentlicht. Die Schönheit dieser Gesichter voller tiefer Falten ist ein glänzender Beweis für das, was die Schönheit Christi ausmacht.

Ich könnte viele weitere Beispiele anführen, und Sie ebenso. Ich belasse es aber bei jenen, um mich nun zwei Fragen zuzuwenden, die mich beunruhigen:

1) Warum ist die Sakralkunst unserer Zeit oft so häßlich? Das vatikanische Museum für moderne Sakralkunst macht mich ratlos, ja sogar bestürzt. Was ist geschehen, daß diese Kunst sich so sehr von ihren großen Ausdrucksformen der Vergangenheit entfernt hat? Liegt es an der allgemeinen Kunst- und Kulturkrise unserer Zeit? Müssen wir wieder neu lernen, die Ausdrucksformen des Geheimnisses Christi ausfindig zu machen bei Künstlern, die manchmal

weit vom Glauben entfernt zu sein scheinen? Gibt es Anzeichen für eine authentische Rückkehr zur Kunst, die sich vom Geheimnis Christi inspiriert?

2) Warum ist in der Liturgie so oft der Sinn für das Schöne verlorengegangen? Warum ist die Feier des Geheimnisses unseres Glaubens so oft von geschmacklosem Beiwerk umgeben? Müßte das Geheimnis nicht das Allerschönste hervorbringen? Woher rührt dieser „Pauperismus", diese künstlerische Verarmung in so vielen unserer liturgischen Ausdrucksformen? Liegt es am Verlust des Sinns für das Heilige? Sind wir zu wenig in Christus verwurzelt, der die Quelle der Schönheit, *die Schönheit selber* ist?

Diese beiden Fragen machen mich ratlos. Wir dürfen ihnen nicht aus dem Weg gehen, uns aber auch nicht von ihnen gefangennehmen lassen. Denn es ist möglich, daß die Schönheit Christi sich hinter der Armut unserer kulturellen Ausdrucksformen verbirgt. Vielleicht müssen wir tiefer graben, um die Quelle der Schönheit wiederzufinden. Sie fließt unentwegt, sie kann jedoch in diesen dunklen Zeiten verborgener und unscheinbarer sein. Lassen Sie mich mit der Erinnerung an ein Erlebnis schließen, das für mich ein Schlüsselerlebnis war.

Es war vor über zwanzig Jahren, bei einem Kolloquium über Sakralkunst in der Nähe von Le Mans. Mit einer Gruppe von jungen katholischen Intellektuellen nahm ich an dieser Veranstaltung teil. Dann kam der Sonntag. Wo sollten wir zur Messe gehen?

33

Wir befanden uns in einem Vorort. Man wies uns auf eine moderne Kirche hin. Es war eine Mehrzweckhalle ohne äußeres Erkennungszeichen, umgeben von großen Wohnblöcken, mit einer Art von Sozialwohnungen. Die Sonntagsliturgie: die Musik – abgeschmacktes Geleier; der Stil – post-achtundsechzig; die Orgel – abgespielt vom Tonband. Kurzum: alles, was einem mitten in einer Veranstaltung über Sakralkunst aufstoßen kann. Dominique Ponneau, damaliger Leiter der École du Louvre, hörte unseren etwas spöttischen Kommentaren über diese Liturgie zu, unterbrach uns dann und sagte mit schmerzerfüllter Bestimmtheit: „Das war die *Messe*". Niemals werde ich diesen Augenblick vergessen. Ja, inmitten dieser ästhetischen Armut und kulturellen Dürftigkeit fand eine *Messe* statt. Ich danke dir, lieber Freund, daß du uns mit einem Wort zum Wesentlichen, zum Geheimnis, das inmitten unserer Not gegenwärtig ist, zurückgeführt hast.

Ja, Christus ist da, seine ganze Schönheit ist da, verborgen unter dem Schleier der einfachsten Zeichen seiner Sakramente; vergraben unter dem Berg unserer Sündennöte, aber wirklich gegenwärtig. Es liegt an uns, uns auf die Suche nach ihm zu machen, zu graben, um die lebendige Quelle in den Wüsten unserer Zeit zu finden. Die Schönheit Christi ist da. Ich wage es, ein Wort des Herrn zu paraphrasieren: Geht nicht hin und sagt: Hier ist sie! Dort ist sie! *Meine Schönheit ist mitten unter euch!*

DER MENSCH,
EIN GESCHÖPF GOTTES: GRUNDLAGE DER MENSCHLICHEN WÜRDE

EINLEITUNG

Wenn wir über den Glaubensartikel „Ich glaube an Gott (…) den Schöpfer des Himmels und der Erde" nachdenken, dann „werden wir", so sagt Thomas von Aquin in seinen Darlegungen über das Apostolische Glaubensbekenntnis, „zur Kenntnis der menschlichen Würde geführt. Gott hat in der Tat alles für den Menschen erschaffen, wie es in Psalm 8 heißt: Du hast ihm alles zu Füßen gelegt. Nach den Engeln ist der Mensch auch unter allen Geschöpfen dasjenige, das Gott am ähnlichsten ist, wie es in Genesis 1 heißt: Laßt uns Menschen machen als unser Abbild, uns ähnlich."[1]

Die menschliche Würde wird also im wesentlichen zweifach begründet: durch die Gottähnlichkeit des Menschen und seine Herrschaft über alles Geschaffene. Das Wissen um diese beiden Gründe kann nur mit dem Blick des Glaubens, der das Geheimnis der Schöpfung betrachtet, erworben werden. Nur die „Augen des Glaubens" können auch die Berufung des Menschen, die es diesem ermöglicht, frei seine Würde zu verwirklichen, entdecken: „Wir müssen also den Menschen nach den Engeln als die würdigste Kreatur betrachten; so darf er auch in keiner Weise seine Würde durch die Sünde und das ungeordnete

39

Begehren der leiblichen Dinge schmälern; Gott hat diese Dinge als uns untergeordnet erschaffen und sie uns zur Verfügung gestellt. Wir müssen uns in unserem Tun dem Plan Gottes entsprechend verhalten, den dieser im Blick hatte, als er uns erschuf. Gott hat den Menschen nämlich dazu erschaffen, daß er über alle Wesen, die es auf der Erde gibt, herrsche und damit er sich Gott unterwerfe."[2]

In diesen wenigen Worten hat Thomas meisterhaft das Wesentliche, das der christliche Glaube bezüglich der Grundlagen und des Wesens der menschlichen Würde lehrt, in einer Synthese zusammengefaßt: Da der Mensch nach dem Bild Gottes, ihm ähnlich, erschaffen worden ist, gehört die Würde der Gottähnlichkeit wesenhaft zum Menschen. Sie ist unzerstörbar, wie es die ganze christliche Tradition sagt, so lange diese Beziehung der Ähnlichkeit für den Menschen konstitutiv bleibt.[3] Aufgrund dieser Ähnlichkeit mit dem Schöpfer hat der Mensch auch die *Freiheit,* seine Würde zu verwirklichen oder sie zu verspielen, sie zu schmälern oder sie zu vervollkommnen. Wir verwirklichen aber unsere Würde in dem Maße als *„eo modo nos habemus, quo Deus fecit nos"*. Es ist also, wie gesagt, notwendig, sich darüber *im klaren zu sein,* wie Gott uns geschaffen hat, um zu wissen, wie wir unsere Würde verwirklichen können.

Das ist in aller Kürze Gegenstand des nachfolgenden Artikels. Zunächst wird das *„quomodo Deus fe-*

cit nos", die Größe des Menschen, wie die christliche Tradition sie preist, zur Sprache kommen (I). Im Anschluß daran werden unterschiedliche, sowohl alte als auch neue Einwände gegen eine solche Sicht des Menschen aufgeführt werden (II). Schließlich werden einige *quaestiones selectae* zur Diskussion stehen, in denen die christliche Auffassung vom Menschen ganz besonders auf Schwierigkeiten stößt, die die modernen Wissenschaften aufzeigen (III). Einige positiv gehaltene Anmerkungen zur Erschaffung des Menschen als Frohe Botschaft und befreiendes Wort werden den Artikel abrunden (IV).

I.
DIE VERHERRLICHUNG
DES MENSCHEN

Ideo magnus est, qui caelo minor est" – wenn auch Tertullian dies vom Kaiser sagte, so kann man es ebensogut auf einen jeden Menschen übertragen, um die spezifisch christliche Auffassung von der Größe des Menschen zusammenzufassen: der Mensch ist groß, denn Gott ist noch größer: *„illius enim est ipse, cuius et caelum est et omnis creatura".* Die Tatsache, daß der Mensch Geschöpf ist, macht die Größe des Menschen aus: *„Inde est imperator, unde et homo antequam imperator; inde potestas illi, unde et spiritus."*[4] Was Tertullian hier vom Kaiser aussagt, kann von jedem Menschen ausgesagt werden: seine Herrlichkeit hat er von dem erhalten, der ihn als Mensch erschaffen hat; seine Macht kommt ihm von dem zu, der ihm eine Seele gegeben hat.

Wenn in manchen Texten die Verherrlichung der menschlichen Würde auch übertrieben erscheinen mag, so darf man doch nie aus dem Blick verlieren, daß diese Lobrede einem *Geschöpf* gilt, und somit seinem Schöpfer. Es wird im Folgenden darzulegen sein, daß nur das Bewußtsein seiner Kreatürlichkeit den Menschen davor bewahren kann, sich über Gebühr zu verherrlichen oder aber seine Würde geringzuschätzen.

Alles wurde für den Menschen erschaffen

Als erstes Charakteristikum der christlichen Auffassung von der menschlichen Würde gilt es festzuhalten, daß alle Werke Gottes auf ihn hingeordnet sind und in ihm ihr Ziel haben. Diese Überzeugung teilen Juden und Christen.[5] In seiner einfachen und lebendigen Sprache verkündet der *Brief an Diognet* diesen „Anthropozentrismus" als frohe Botschaft für eine heidnische Welt, die nur schwer an eine besondere und persönliche Vorsehung Gottes für den Menschen glauben kann: „Trägst auch du nach diesem Glauben Verlangen, so lerne zuerst den Vater kennen. Denn Gott hat die Menschen geliebt; ihretwegen schuf er die Welt, ihnen unterwarf er alles auf Erden, ihnen gab er Rede, ihnen Vernunft; ihnen allein gestattete er, aufwärts zu ihm zu blicken, sie gestaltete er nach seinem Ebenbild, ihnen sandte er seinen eingeborenen Sohn, ihnen verhieß er das Himmelreich und wird es denen geben, die ihn lieben":[6] Es ist die Vorstellung von einer Welt, die ganz von den Spuren der göttlichen Güte geprägt ist und die für den Menschen erschaffen wurde, der seinerseits für Gott erschaffen wurde. Die christlichen Autoren zeigen oft auf und verkünden, daß diese Sichtweise die wahre Philosophie ist, die Philosophie, die sowohl der Ordnung des Kosmos als auch der Einsicht des Menschen entspricht. So nennt Lactantius – den die Humanisten später wegen seiner Verherrlichung des Menschen besonders schätzen[7] – den wahren Grund dieses „kosmischen Anthropozentrismus",[8] den die Philosophen nicht finden konnten: den Theozentrismus des Menschen:

„Ich will nun jene wichtigste Wahrheit darlegen, die nicht einmal die Philosophen, die Wahres gesprochen haben, zu finden vermochten, weil sie die Folgerungen aus den Gründen nicht abzuleiten verstanden. Die Welt ist von Gott erschaffen, damit Menschen geboren würden; die Menschen werden geboren, damit sie Gott als Vater erkennen, und darin besteht die Weisheit; sie erkennen Gott, um ihn zu ehren, und darin besteht die Gerechtigkeit; sie ehren ihn, um als Lohn die Unsterblichkeit zu empfangen; sie empfangen die Unsterblichkeit, um Gott auf ewig zu dienen."[9]

Eine Welt, die ganz auf den Menschen hingeordnet ist, und ein Mensch, der ganz auf Gott hingeordnet ist: beide Aspekte sind nicht voneinander zu trennen, und alle Verherrlichung der Würde des Menschen als Krone der Schöpfung hat nur Sinn, wenn sie an die Unterordnung des Menschen unter Gott gekoppelt ist. Aus dieser Perspektive betrachtet ist also die menschliche Würde nicht zu trennen vom letzten Ziel, für das der Mensch erschaffen worden ist; mehr noch: der tiefste Grund seiner Würde liegt allein in diesem letzten Ziel, auf das hin das ganze Schöpfungswerk und seine Wiederherstellung durch die Erlösung ins Werk gesetzt worden waren. Ein Text von Johannes Chrysostomus, der wunderbar die christliche Sichtweise zusammenfaßt, wäre noch zu zitieren: ein Kommentar zu Gen 1,26: „Laßt uns Menschen machen":

> „Was ist das für ein Wesen, das zum Leben gelangt und eine solche Wertschätzung erfährt? Es ist der Mensch, eine große und bewundernswerte lebende Gestalt, die Gott mehr wert ist als die ganze Schöpfung zusammen, es ist der Mensch, und für ihn existieren der Himmel und die Erde und das Meer und die gesamte Schöpfung, und seinem Heil hat Gott soviel Bedeutung beigemessen, daß er seinen einzigen Sohn für ihn nicht verschont hat. Denn Gott wartete nicht damit, alles ins Werk zu setzen, um den Menschen bis zu sich zu erheben und ihm den Platz zu seiner Rechten zu geben."[10]

Diese Verherrlichung des Menschen, das größte der Wunderwerke Gottes, stützt sich gewiß auf kosmologische oder anthropologische Begründungen (zum Beispiel der Mensch als Mikrokosmos bzw. die

Superiorität des Menschen), die die Philosophie des Altertums bereits entwickelt und durchdiskutiert hatte. Das Christentum ist aber zweifellos über diese Argumentation hinausgegangen, als es im Lichte der Offenbarung entdeckte, daß der Mensch noch unendlich größer ist, als die heidnische Philosophie es sich vorstellen konnte: er ist von Gott und für Gott *erschaffen;* er hat eine unvergleichliche Würde, denn Gott liebt ihn schon bei seiner Erschaffung mit unendlicher Liebe, die die Inspirationsquelle des Schöpfungsplanes und der Grund des Erlösungswerkes ist. Ein Text von Nemesios von Emesa vereinigt in vollendeter Form die philosophische Argumentation und die spezifisch christliche Begründung:

„Wer kann die Erhabenheit des (menschlichen) Wesens gebührend bewundern, das in sich selber das Sterbliche und das Unsterbliche verbindet, das in sich selber das Vernunftgemäße mit dem Irrationalen vereinigt, das in sich das Bild der ganzen Schöpfung trägt – der Grund, warum man den Menschen auch als ‚Mikrokosmos‘ bezeichnet –, ihn, den Gott einer solchen (göttlichen) Fürsorge würdig gemacht hat, daß alles, was ist, die Gegenwart und die Zukunft, für ihn ist; ihn, für den Gott Mensch geworden ist; der die Unsterblichkeit erlangt und der Sterblichkeit entkommt, der im Himmel herrscht, der nach dem Bild Gottes erschaffen ist, Ihm ähnlich; der mit Christus lebt, ein

Kind Gottes ist und über aller Macht und Herrschaft thront?"[11]

Nemesios nennt hier den Menschen ohne zu zögern einen „Mikrokosmos". Diese in der Philosophie seit Demokrit[12] häufig benutzte, jedoch von manchen christlichen Autoren[13] abgelehnte Bezeichnung für den Menschen kann etwas über die Würde des Menschen aussagen, sofern sie, wie hier, innerhalb einer Perspektive verortet ist, die über den rein kosmologischen Horizont hinausgeht: Wenn man den Menschen einen „Mikrokosmos" nennen kann, dann deshalb, weil der Kosmos, dessen Elemente er in sich synthetisiert, für ihn geschaffen wurde und weil er Herr über diesen ist. So muß also zur Bezeichnung „Mikrokosmos" noch ein anderes, komplementäres Bild hinzukommen, das schon der jüdischen Tradition sehr lieb war und das in unterschiedlichen Formen auftaucht: nach Philon hat Gott wie ein „Organisator von Spielen und Festmählern", der alles vorbereitet, damit der Mensch „sogleich das Bankett und das heiligste Theaterspiel vorfindet",[14] die Welt für den Menschen erschaffen. Die rabbinische Tradition hat das Gleichnis abgewandelt: die Welt ist wie ein Brautgemach, das ein Vater für seinen Sohn herrichtet, um ihn dann hineinzuführen, wenn alles bereit ist.[15] Nach Gregor von Nyssa[16] und Johannes Chrysostomus[17] wurde die Welt für den Menschen vorbereitet wie ein Königspalast und wie ein Thron für den, der dazu geschaffen ist, der Herr der Welt zu sein.

Die herausragende Stellung in der Schöpfung und die Herrschergewalt über alle Geschöpfe geben jedoch noch nicht die letztlich ausreichende und wahre Begründung für die menschliche Würde. Gregor von Nyssa hat sehr schön dargelegt, daß das Fundament dieser Würde nicht allein in der noch so hohen Stellung, die der Mensch im Kosmos einnimmt, zu finden ist. Es ist nicht ungefährlich, die Würde des Menschen mittels seiner Stellung in der Schöpfung zu definieren, denn dies kann sich letztlich gegen den Menschen wenden. Das ist der Grund, warum Gregor die Vorstellung vom Menschen als „Mikrokosmos" ablehnt:

„Manche ‚Philosophen von außerhalb' hatten vom Menschen eine wirklich schäbige und seines Adels unwürdige Vorstellung. Sie glaubten, die Menschheit zu verherrlichen, indem sie sie mit dieser Welt verglichen. Sie bezeichnen den Menschen als ‚Mikrokosmos', der sich aus denselben Elementen zusammensetzt wie das Universum.[18] Mit dieser hochtrabenden Bezeichnung wollten sie ein Loblied auf unsere Natur singen, sie sahen aber nicht, daß das, was in ihren Augen die Größe des Menschen ausmachte, auch den Stechmücken und Mäusen zu eigen ist. Diese setzen sich aus den vier Elementen zusammen, wie auch alle anderen Lebewesen ... Wo liegt denn die Größe des Menschen, wenn er ein Abdruck und Abbild des Universums ist? Der Himmel, der sich dreht, die Erde, die sich ändert, und die Wesen, die darin eingeschlossen sind, vergehen mit dem, was sie umgibt.“

Worin besteht gemäß der Lehre der Kirche die Größe des Menschen? Nicht darin, daß er dem Universum ähnlich ist, sondern darin, daß er *ein Abbild des Wesens dessen ist, der ihn erschaffen hat.*[19]

Nach J. Daniélou verleiht Gregor in diesem Text „der christlichen Sicht“ Ausdruck, „die aus dem Menschen nicht das Bild des Universums, sondern des Schöpfers des Universums macht. Gregor setzt so die christliche Auffassung der Seele, die das Universum transzendiert (‚ein einziger Gedanke des Menschen ist mehr wert als das ganze Universum‘, schreibt Johannes vom Kreuz), der Auffassung der Stoa entgegen, die den Menschen in die vergöttlichte Natur aufnimmt“.[20]

Der Mensch, Bild Gottes

Mit der christlichen Tradition zu sagen, daß die Welt für den Menschen und in Hinordnung auf den Menschen erschaffen worden ist, bedeutet nicht, daß damit auch schon der tiefste Grund seiner Würde genannt ist. Die Welt ist für den Menschen geschaffen, der Mensch aber ist für Gott geschaffen. Der wahre „Ort" seiner Würde ist in jener einzigartigen Bezeichnung des Menschen zu suchen, die diesen inmitten der anderen Geschöpfe als lebendiges Bild Gottes ausweist. Die christliche Tradition (wie auch die jüdische Tradition) hat immer den Zusammenhang zwischen der Würde des Menschen und seiner Bezeichnung als Bild Gottes gesehen.

Schon im Brief des Clemens von Rom an die Kirche in Korinth wird dieser Zusammenhang ausdrücklich hergestellt. In einer Anspielung auf das Sechs-Tage-Werk sagt Clemens: „Zu allem hinzu formte (Gott) mit seinen heiligen und untadeligen Händen das hervorragendste, großartigste Wesen: den Menschen, zum Ausdruck seines eigenen Bildes. Denn so spricht Gott: Laßt uns den Menschen machen nach unserem Bild und nach unserem Gleichnis."[21]

Dieser Zusammenhang wurde immer wieder von der großen theologischen Tradition in Erinnerung gerufen und erforscht, und man kann ohne Übertreibung sagen, daß die großen Zeiten theologischer Erneuerung auch immer Höhepunkte der Theologie des Bildes Gottes waren.[22] Obgleich die Schultheologie das Thema etwas vernachlässigt hat,[23] wurde ihm in den Dokumenten des letzten Konzils und in den neueren lehramtlichen Texten ein Platz ersten Ranges zuerkannt.

„Was denkt die Kirche vom Menschen? (...) Was ist die letzte Bedeutung der menschlichen Tätigkeit

in der gesamten Welt?" (Gaudium et spes 11,3). Auf
diese Frage hat das Konzil in seinem grundlegenden Kapitel von Gaudium et Spes über „die Würde
der menschlichen Person" geantwortet: „Die Heilige
Schrift lehrt (…) daß der Mensch ‚nach dem Bild
Gottes' geschaffen ist" (12,3). Mit der Bezeichnung
„Bild Gottes" hat das Konzil einen „Leitfaden"[24]
(wieder)entdeckt, um die kirchliche Auffassung vom
Menschen darzulegen; das kirchliche Lehramt ist
seitdem dieser Spur beständig nachgegangen. Johannes Paul II. zögerte nicht, bei seiner ersten Reise nach
Frankreich zu sagen: „Der Mensch befindet sich im
Herzen des Vaters, des Sohnes und des Heiligen Geistes, und zwar von Anfang an. Wurde er nicht nach
dem Bild und Gleichnis Gottes erschaffen? Ohne
dieses hat der Mensch keinen Sinn. *Der Mensch hat*
in der Welt *nur Sinn als Bild und Gleichnis Gottes.*
Sonst hat der Mensch keinen Sinn, und man kommt
dahin, den Menschen – wie einige es tun – als eine
„unnütze Leidenschaft" zu bezeichnen."[25]

Damit scheint klar, daß die Verherrlichung der
menschlichen Würde nur innerhalb einer *theozentrischen* Sicht des Menschen ihren Platz und ihren
Ort haben kann und daß man nur mit den Augen
des Glaubens entdecken kann, wie groß die Würde
dieses „denkenden Schilfrohres" ist: „Ohne dies
hätte der Mensch keinen Sinn."

Wenn dem so ist, kann man dann diese Sichtweise
vom Menschen anderen vermitteln? Ist sie nicht

unzugänglich für einen jeden, der nicht unseren Glauben teilt? Wie steht es um ihre philosophische Begründung? Ist sie rational zu untermauern und hält sie der wissenschaftlichen Annäherung an das „menschliche Phänomen" stand?

Die christliche Tradition hat immer ihre Sicht vom Menschen als allgemeingültig betrachtet, und zwar deshalb, weil sie von der Einheit des Menschengeschlechts, der Unmittelbarkeit eines jeden Menschen in bezug auf seinen Schöpfer und seiner Fähigkeit, diesen zu erkennen und zu lieben, überzeugt ist. Daher rührt auch die Aussage, daß diese Sicht vom Menschen dem entspricht, was ein jeder Mensch durch den rechten Gebrauch seiner Vernunft zu erkennen und zu verstehen in der Lage ist. Nichtsdestotrotz wird diese Sichtweise von der Größe des Menschen stark angefochten, und dies gerade im Namen einer rationalen und wissenschaftlichen Analyse des Menschen. Es erscheint mir wichtig, daß diese Gegenrede, deren wissenschaftlicher und rationaler Anspruch ernsthaft die Glaubwürdigkeit der christlichen Botschaft vom Menschen erschüttern kann, vernommen wird.

II.
EINE ANGEFOCHTENE GRÖSSE

Der Mensch ist nur ein Teil des Ganzen

In seiner Schrift über die „Wahre Lehre" erhebt sich bereits Celsus gegen die Behauptung, daß „Gott alles für den Menschen gemacht habe".[26] Er findet eine solche Behauptung absurd, da „das Weltganze ebensogut der unvernünftigen Tiere als der Menschen wegen geschaffen worden ist."[27] Hinzu kommt, daß, wenn man die Natur anschaut, die Tiere im Vergleich zum Menschen sogar besser ausgestattet zu sein scheinen: „Wir unsererseits können uns mit aller Anstrengung und mühsamen Arbeit nur knapp und mit genauer Not ernähren; ihnen aber wächst alles zu, ohne daß sie säen und pflügen."[28] „Wenn uns jemand die Herrscher der belebten Schöpfung nennen wollte, da wir die übrigen lebenden Wesen jagen und verspeisen, so werden wir fragen: Warum sind nicht wir vielmehr ihretwegen geschaffen, da sie doch Jagd auf uns machen und uns fressen?"[29] Die Erfindungskunst des Menschen beim Bau der Städte laßt Celsus nicht gelten: „Auch die Ameisen und die Bienen haben dies.[30] Kann man ihre Intelligenz, ihre Vorausschau und ihre gegenseitigen Hilfeleistungen leugnen? Kurzum, „nicht für den Menschen ist das Weltganze gemacht, wie auch nicht für den Löwen oder den Adler oder den Delphin, sondern damit diese Welt als Werk Gottes in ihren Teilen ganz vollständig und vollkommen sei in allen Stücken … Gott sorgt für das Ganze, und seine Vorsehung verläßt dieses niemals."[31]

Celsus ordnet den Menschen radikal im Ganzen *(to holon)* ein, er gehört zu der einen Natur, zur Welt, er ist ein Teil davon, mehr nicht. Celsus stößt den Menschen vom Thron seiner universellen Königsherrschaft; es gibt nur eine Herrschaft, die er gelten läßt: die Herrschaft des Vorsehungsgottes *(pronoia)*, der nichts anderes ist als „die unwandelbare Notwendigkeit der physikalischen Gesetze, die die Phänomene ordnen. Diese Notwendigkeit hatte Epikur φύσις genannt (…) und gewissermaßen vergöttlicht."[32]

Wie es um die Streitgespräche zwischen den philosophischen Schulen (in diesem Fall Epikuräer gegen Stoiker), die sich hinter dieser Polemik verbergen, auch stehen mag, eines tritt ziemlich klar hervor: die Vorstellung von einem Schöpfergott, dessen besondere, einzigartige und unaustauschbare Fürsorge einem jeden Menschen gilt, erscheint Celsus unannehmbar. Sie scheint unvereinbar zu sein mit der Auffassung von einer Welt, die von einem unwandelbaren Gesetz bestimmt wird, einer Auffassung, in der der Mensch nur ein Element im Ganzen ist.

Die Vorstellung des Celsus ist, wie mir scheint, nicht sehr weit von einem modernen Weltbild entfernt, nach dem der ganze Mensch in eine evolutionäre Bewegung einzuordnen ist, die vom unerbittlichen Gesetz der Mutation und der Selektion bestimmt wird. Der gemeinsame Nenner zwischen der kosmischen Ideologie eines Celsus und dem *evolutionären Monismus* unserer Zeit scheint mir der zu sein, daß beide jegliche Vorstellung von besonderer Fürsorge – beginnend bereits mit dem Gedanken der Schöpfung – ausschließen und dementsprechend so etwas wie eine Vergöttlichung der „Natur" vornehmen, die die göttlichen Attribute einer Weltenherrschaft erhält: zum Beispiel die *natura gubernans* des Lukrez[33] oder die hypostasierte Evolution des Neodarwinismus: *Groß ist bei diesem und jenem nicht der Mensch, sondern das Ganze, von dem der Mensch nur ein Teil ist.* Bei diesem und jenem wird vom Menschen gesagt, daß er den Sinn seines Lebens findet, wenn er sich in das Ganze einordnet und zu dessen Vollendung beiträgt.

Als Parallele zu Celsus zitiere ich ein neueres Kompendium über den Ursprung des Lebens. Unter der Rubrik „Einige weltanschauliche Konsequenzen" ist zu lesen, was der Autor, ein renommierter Biologe, gewissermaßen als klare Tatsache betrachtet: „Nach den bisher erarbeiteten Einsichten ist die Fähigkeit der Materie, belebte Systeme zu entwickeln, allein in ihrer Struktur und ihren möglichen Wirkungen gegeben. Übernatürliche Faktoren erscheinen überflüssig, es gibt keinerlei Anzeichen für sie (...) Die Potenz, sich so in einem langen Prozeß zu Leben hin zu entwickeln, ist offenbar schon in der Beschaffenheit der Elementarteilchen und der daraus – ebenfalls „von selbst" – entstehenden Atome verankert (...) So sehen wir heute Lebendigkeit nicht mehr als etwas Unbegreifbares an, sondern als eine verstehbare Stufe der Selbstentwicklung des Stofflichen und damit eingebettet in die gigantische Evolution des Kosmos insgesamt."[34]

Als groß wird hier „die gigantische Evolution" angesehen, sie ist sowohl Subjekt des ganzen Prozesses als auch ihr letztes Objekt. Der Mensch seinerseits findet seinen „Lebenssinn" in dem Prozeß, aus dem er hervorgegangen ist; sein Leben ist nur ein Erscheinungsbild dieses Prozesses:

„Der subjektive Wert eines Lebens liegt in der Befriedigung aller Lebensbedürfnisse, also im persönlichen Lebensglück. Der objektive Wert eines Menschenlebens kann in dem Beitrag gesehen werden, den es zur Evolution der Welt und damit zur Entfaltung vollen Menschentums leistet."[35]

Der Autor ist im übrigen der Ansicht, daß eine solche Sicht vom Menschen dazu dient, den Hochmut des Menschen, der sich seines übernatürlichen Ursprungs rühmt, zu mindern: „Die Einsicht in den natürlich-normalen, ja kosmisch gesehen ‚alltäglichen' Ursprung von Leben einschließlich des Menschen mag helfen, diesen gefährlichen Hochmut abzubauen."[36]

Es ist klar, daß die Verherrlichung des Menschen und seiner Würde im christlichen Gedankengut dieser Auffassung vom ganz in den Fluß der Evolution eingetauchten Menschen als irrationaler Mystizismus erscheinen muß.

Das ist um so schlimmer, als die christliche Rede von der Würde des Menschen auf dem Glauben an die Schöpfung gründet, die der monistische Evolutionismus ausschließt und verwirft. Die evolutionistische Weltanschauung erfreut sich heute einer so großen Plausibilität, daß *die christliche Rede von der Würde des Menschen Gefahr läuft, immer unverständlicher zu werden, selbst für Christen.* Es scheint mir in der Tat, daß die Stellung, die die christliche Sichtweise vom Menschen im ideologischen Pluralismus unserer Zeit einnimmt, nicht überschätzt werden darf. Ohne eine entsprechende Propädeutik läuft die christliche Rede von der Würde des Menschen Gefahr, entweder als nicht nachvollziehbare Verherrlichung dazustehen oder aber in einem zweideutigen oder sogar falschen Sinne verstanden zu werden. Eine solche Propädeutik müßte meiner Ansicht nach zunächst darin bestehen, daß heute zahlreiche Wissenschaftler die beträchtliche Anstrengung unternehmen, die Perspektiven ihrer Wissenschaften der *Wirklichkeit des Geistes* zu öffnen; sie müßte außerdem eine Erneuerung der Schöpfungstheologie beinhalten, deren Notwendigkeit immer spürbarer wird. Beide Aspekte sollen nun kurz unter die Lupe genommen werden.

„Das Vergessen der Seele"

„*In homine optimum quid est? Ratio: hac antecedit animalia, deos sequitur. Ratio ergo perfecta proprium bonum est, cetera illi cum animalibus satisque communia sunt.*"[37] Nach der gemeinsamen Überzeugung all derer, die den Menschen als dem Tier übergeordnet betrachten, ist das ihn vom Tier Unterscheidende der Geist, die Verstandeskraft, die Vernunftbegabung. Die geistige Fähigkeit ist es auch, die den Menschen Gott ähnlich macht: „*Ratio vero diis hominibusque communis est: haec in illis consummata est, in nobis consummabilis*".[38] Es ist also nicht verwunderlich, daß schon sehr früh die biblische Bezeichnung des Menschen als Bild Gottes in Beziehung zum Geist, zum Verstand oder zur menschlichen Seele gesetzt wurde. Die Bekräftigung der Gottebenbildlichkeit des Menschen aufgrund eben seiner geistigen Dimension ist so einhellig in der christlichen Tradition, zumindest bis zur jüngsten Vergangenheit, daß es nicht notwendig ist, dies hier durch Zitate zu untermauern. Es genügt, an Augustinus und an Thomas von Aquin zu erinnern, um sich davon zu überzeugen.

Diese Auffassung aber bereitet heute Schwierigkeiten, vor allem deshalb, weil sie im allgemeinen
die Leugnung der Teilhabe des menschlichen Leibes
an der Gottebenbildlichkeit impliziert.[39] Man wirft
dieser Sichtweise vor, zu dualistisch, zu sehr vom
griechisch-hellenistischen Einfluß geprägt zu sein
und nicht genügend der biblischen Anthropologie
Rechnung zu tragen, usw.

Ich gebe gerne zu, daß der Ausschluß des menschlichen Leibes aus der Gottebenbildlichkeit des Menschen überwunden werden muß[40] und daß die
Gottebenbildlichkeit und die Ähnlichkeit mit Gott
nicht auf einen Teil des Menschen beschränkt werden dürfen. Es wäre dennoch bedauerlich, wenn der
theologische Diskurs über den Menschen es schließlich nicht mehr wagen würde, von der menschlichen
Seele und vom menschlichen Geist zu sprechen – aus
Furcht davor, daß eine solche Redeweise des „Dualismus" verdächtigt werden könnte.[41] Denn um auf
überzeugende Weise die Würde des Menschen darzulegen, kann man nicht darauf verzichten, explizit
auf die spezifisch *geistige* Dimension des Menschen
zu verweisen. Zu einem Zeitpunkt, zu dem der christliche Glaube mit Ideologien oder Weltanschauungen
konfrontiert wird, die den Menschen in einem ma-
terialistischen, monistischen Sinne verstehen oder
die aus ihm bloß ein Element im Prozeß der Selbst-
organisation der Materie machen, erscheint es mir
besonders bedauerlich, daß die theologische (und

sogar die liturgische) Sprache sozusagen „die Seele vergessen" hat.

Eine „Propädeutik" über die Würde des Menschen als Bild Gottes müßte meiner Meinung nach heute *mit einer Neuentdeckung des Geistigen beginnen,* dieser Wirklichkeit des Geistes, die Augustinus auf seinem geistlichen Weg nur schwerlich annehmen konnte – bis zu dem Augenblick, als sie sich bei ihm mit der ganzen Macht der Evidenz durchsetzte.[42] Wir erleben heute, daß viele Menschen, besonders aus dem naturwissenschaftlichen Bereich, ernsthaft nach der Wirklichkeit des Geistes suchen. In dieser Suchbewegung ist die heutige Theologie jedoch leider im großen und ganzen nicht vertreten. Ich denke vornehmlich an die große Diskussion sowohl in der Philosophie[43] als auch in den Naturwissenschaften über das „body-mind-problem"; ich denke ganz besonders an das beeindruckende Werk des Nobelpreisträgers Sir John Eccles, das sich hauptsächlich mit der Frage des Verhältnisses zwischen Gehirn und der Realität auseinandersetzt, die er „das seiner selber bewußte Ich" nennt, den Geist oder einfach die Seele.[44] Aber ich denke auch an die schlimmen Verirrungen, zu denen es bei der Suche nach dem Geist kommt und die das Eingreifen der Theologen in die Diskussion erfordern würden: Neue Formen von Monismus, die die Materie radikal in die Geistwelt verweisen und dabei die Wirklichkeit sowohl der Materie als auch des Geistes zutiefst verkennen.

Sie verschaffen sich weithin Gehör, indem sie vom unbestreitbar vorhandenen Durst nach geistigen Wirklichkeiten profitieren.[45]

In dieser Situation wäre es wichtig, daß die Theologie sich von einer meiner Meinung nach antiquierten Furcht befreit und es wieder wagt davon zu sprechen, was die ganze Würde des Menschen ausmacht: seine geistige Dimension,[46] seine Fähigkeit zu erkennen und zu lieben.[47] Dies wäre, denke ich, die beste „Propädeutik", um zur Erkenntnis der letzten Berufung des Menschen zu gelangen: nämlich Gott vollkommen zu erkennen und zu lieben …

Der Anthropozentrismus und „die Abschaffung des Menschen"

Der Mensch ist Bild Gottes aufgrund seiner Fähigkeit, Gott zu lieben und zu erkennen. Und er verwirklicht sich als Mensch in dem Maße, in dem er diese Fähigkeit verwirklicht. Wenn also mit Jacques Maritain zu sagen ist, daß die Würde des Menschen auf „geistiger"[48] Grundlage steht, dann ist es wichtig hinzuzufügen, daß der Mensch als *geschaffener* Geist diese Würde besitzt. Zu Recht bezeichnet Maritain diese Sichtweise als *theozentrischen Humanismus* und setzt sie der Sichtweise eines *anthropozentrischen Humanismus* entgegen, die er mit folgenden Worten beschreibt:

„Von seiten des Menschen kann man feststellen, daß der Rationalismus gleich zu Beginn der Neuzeit zuerst mit Descartes, dann mit Rousseau und Kant, ein erhabenes und glänzendes, unzerbrechliches Bild der menschlichen Persönlichkeit entworfen hatte, das eifersüchtig auf seine Immanenz und seine Autonomie bedacht war und letzten Endes seinem Wesen nach auch gut. Gerade im Namen der Rechte und der Autonomie dieser Persönlichkeit hatte die rationalistische Polemik jede von außen kommende Einmischung in dieses vollkommene und geheiligte Universum verdammt, – ob nun eine solche Einmischung von der Offenbarung und der Gnade herkam oder von einer Überlieferung menschlicher Weisheit, ob von der Autorität eines Gesetzes, dessen Urheber nicht der Mensch war, oder von einem alles beherrschenden Guten, das seinen Willen anfachen sollte, oder schließlich von einer objektiven Realität, die Maß und Regel für sein Denken wurde.“[49]

Man verortet die Würde des Menschen nicht mehr in seiner Kreatürlichkeit, denn diese scheint nur entfremdende Abhängigkeit und Leugnung der menschlichen Würde zu beinhalten. Unter menschlicher Würde versteht man hier eine radikale Autonomie, die ausschließlich in sich selbst gründet.[50]

„In wenig mehr als einem Jahrhundert aber ist diese stolze anthropozentrische Persönlichkeit in Gefahr gekommen und rasch dadurch erschöpft worden, daß sie in die Auflösung ihrer materiellen Elemente mit hineingezogen wurde.

Ein erster bedeutsamer Zeitabschnitt ist hier im biologischen Bereich durch den Triumph der darwinistischen Ideen abgesteckt, die sich mit dem Problem der Abstammung des Menschen vom Affen befassen. Der Mensch erschien, so gesehen, nicht nur als Ergebnis einer langen Entwicklung tierischer Arten (dies ist eine nach allem sekundäre, rein historische Frage), wohl aber als das Ergebnis jener biologischen Entwicklung, die metaphysisch ohne Unterbrechung vor sich geht, d. h. ohne daß in einem bestimmten Augenblick mit dem Auftreten des menschlichen Wesens etwas der Art nach vollkommen Neues beginnt: ein geistiges Fortbestehen, zu dem es gehört, daß bei jeder Erzeugung eines menschlichen Wesens auch eine individuelle Seele durch den Schöpfer aller Dinge geschaffen und um einer ewigen Bestimmung willen in die Existenz geworfen wird (...)

Den zweiten Stoß, den Gnadenstoß, wenn ich so sagen darf, sollte ihr, soweit es den psychologischen Bereich betrifft, Freud geben (ich spreche nicht von den psychologischen Forschungsmethoden Freuds, in denen sich geniale Entdeckungen finden, sondern von seiner Metaphysik). Der

Christ weiß, daß das menschliche Herz, wie Pascal sagt, in seinen Tiefen voller Unrat ist. Doch hindert ihn dies nicht, seine geistige Größe und geistige Würde anzuerkennen. Aber was ist heute der Mensch für das rationalistische und naturalistische Denken geworden? Der Schwerpunkt des menschlichen Wesens hat sich so tief gesenkt, daß es, genau genommen, keine Persönlichkeit mehr für uns gibt, sondern nur die heillose Bewegung von vielgestaltigen Larven der Unterwelt des Instinkts und Begehrens – ‚Acheronta movebo‘, sagt Freud selbst, – und daß alle wohlbewahrte Würde unseres persönlichen Bewußtseins wie eine lügnerische Maske erscheint. Schließlich ist dann der Mensch nur der Schauplatz, wo sich eine vorwiegend sexuelle Begierde und ein Urtrieb zum Tode begegnen und bekämpfen (...)

(Wir) wohnen (...) hier einer Zerstreuung, einer endgültigen Zersetzung bei. Dies hindert aber das menschliche Wesen keineswegs, mehr als je zuvor die unumschränkte Herrschaft zu beanspruchen. Aber auch die individuelle Person weiß nicht mehr, wohin sie gehört, und sieht sich nurmehr in Auflösung und Zersetzung begriffen. Sie ist reif zur Abdankung (und dennoch: welch neues Aufblühen überall da, wo sie sich abzudanken weigert und weigern wird), sie ist reif zur Abdankung zugunsten des Kollektivmenschen, jener großen historischen Gestalt der Menschheit, die Hegel zum

Inhalt seiner Theologie erhoben hat. Während sie für ihn im Staat mit seiner vollkommenen Rechtsstruktur bestand, sollte sie dann für Marx in der kommunistischen Gesellschaft mit ihrem immanenten Dynamismus bestehen."[51]

Diese Worte, die Jacques Maritain 1936 niederschrieb, haben nichts an Aktualität eingebüßt. Unsere Zeit kennt einen beunruhigenden Vormarsch staatlicher Verabsolutierung sowohl im marxistischen Totalitarismus als auch in den neuen Diktaturen der sogenannten „nationalen Sicherheit", aber auch, wiewohl auf verhülltere Weise, im westlichen Wohlfahrtsstaat. Gleichzeitig, und gemeinhin in direkter Beziehung zum Vormarsch des allgegenwärtigen Staates stehend, werden immer mehr die Menschenrechte verletzt, und dies auf zusehends unvorstellbarere Weise. So hat man in Anspielung auf unsere Zeit von der „Abschaffung des Menschen"[52] gesprochen.

Allein die Vorstellung vom Menschen als Geschöpf Gottes, eine religiöse Vorstellung vom Menschen, kann die Anerkennung und die Achtung der menschlichen Würde sicherstellen. Das bedeutet nicht, daß die Vorstellung von der Würde des Menschen eine irrationale, der menschlichen Vernunft unzugängliche Vorstellung wäre, da es keineswegs irrational ist, die Abhängigkeit des Menschen von Gott und die Pflicht zur *religio,* zur Bindung an Gott, anzuerkennen. Das Außerachtlassen dieser Beziehung, und wäre es auch nur in der Theorie,[53] um die Würde des Menschen in einer Art *natura pura* zu begründen, einer Menschheit, die man als letzte, in sich selbst eingeschlossene Wirklichkeit ansieht und die ihr Endziel in sich selbst findet, hat meines Erachtens jegliche Glaubwürdigkeit verloren.

Die Kirchenväter und die nachfolgende Tradition haben gewiß für die Würde des Menschen auch philosophische Begründungen angeführt, die man verstehen kann, ohne explizit auf die Schöpfungstheologie Bezug zu nehmen. So zum Beispiel, wenn sie auf den aufrechten Gang des Menschen als Indiz für seine Würde[54] oder ganz einfach auf seine Intelligenz und seine Freiheit hinweisen.

Alle diese Charakteristika, die die Überlegenheit des Menschen herausstellen, konnten nicht der radikalen, von den Humanwissenschaften herbeigeführten Verkürzung standhalten, und zwar von dem Augenblick an, als sie nicht mehr in eine schöpfungstheologische Sichtweise vom Menschen eingebunden wurden. Wenn wir aufmerksam die „Zeichen der Zeit" lesen, gelangen wir zu der Überzeugung, daß nur die Auffassung vom Menschen als *Geschöpf* diesen vor der Selbstzerstörung bewahren kann, die mehr denn je eine Bedrohung für ihn darstellt.

Es soll gestattet sein, in dieser Perspektive einen Zweifel, eine Furcht zu äußern, ohne deren Gründe in ausreichendem Maße näher erörtern zu können:

Seit dem Konzil hat man in der katholischen Theologie die *Autonomie* des Menschen nachdrücklich betont. Man wollte herausstellen, daß der christliche Glaube den unterschiedlichen Sehnsüchten unserer Zeit nach Emanzipation und Befreiung nicht entgegensteht. Man hat auch gezeigt, daß die Autonomie des Menschen der „Theonomie"[55] nicht entgegensteht, und dazu konnte man auf beste katholische Tradition verweisen.[56]

Wenn man versucht, die Würde des Menschen hauptsächlich an der Autonomie des Menschen festzumachen (und es wäre klarzustellen, was man unter Autonomie versteht), dann läuft man Gefahr, angesichts der heutigen Situation und heutiger Erfahrungen in eine heikle Situation zu geraten: In einer Welt, in der der Mensch täglich erfährt, wie vielen Konditionierungen er ausgesetzt ist, einer Welt, in der das Gesicht des Menschen verspottet, seine Freiheit manipuliert, seine Integrität zerrissen und seine Würde mißachtet werden, sollte für eine Propädeutik der christlichen Sicht des Menschen und seiner Würde, wie mir scheint, nicht die Autonomie des Menschen als Ausgangs- und Angelpunkt der Überlegungen gewählt werden.

Wäre es nicht viel dringlicher, von der Beziehung zu seinem Schöpfer, dem konstituierenden Band, auszugehen, das als einziges mitten unter so vielen entfremdenden Banden den Menschen von Anfang an in seiner Wahrheit und somit in seiner Würde verortet? Eine Propädeutik der christlichen Auffassung vom Menschen müßte, so scheint mir, heute wieder das in den Vordergrund stellen, was die klassische Theologie die *Tugend der religio,* der Gottverbundenheit, nannte, jenes Band also, das den Menschen an seinen Ursprung rückkoppelt und das ihn auf sein letztes Ziel hin ordnet.[57]

Die Tugend der *religio* erlaubt es dem Menschen, den rechten Platz in seiner Beziehung zu Gott einzunehmen; so handelt er auch recht und verwirklicht die wahre Ordnung seines Lebens,[58] kurz: seine Würde als Geschöpf. Die Anerkennung des Schöpfers führt den Menschen dahin, seine Dankbarkeit in einem Dankgebet zum Ausdruck zu bringen: *„Quia enim Deus est creator omnium rerum, certum est quod quidquid sumus, et quidquid habemus a Deo est".*[59]

III.
DIE „*CREATIO IMMEDIATA ANIMAE*"

Wenn die Würde des Menschen darin besteht, von Gott erschaffen zu sein, und diese Würde sich in einem Leben verwirklicht, das der Würde eines Geschöpfes entspricht („*Eo modo debemus nos habere, quo Deus fecit nos*", sagte Thomas von Aquin), dann ist es von größter Bedeutung, daß im theologischen wie spirituellen Bereich diese grundlegende Wahrheit bezeugt wird.

Wie aber kann man heute die Wahrheit bezeugen, daß jeder Mensch von Gott *erschaffen* ist, daß er folglich von Gott *gewollt* ist, daß *er* in seiner unaustauschbaren und unzerstörbaren Besonderheit gewollt ist? Wie bezeugen, daß dieses von seiner Endlichkeit niedergedrückte Wesen, das oft durch einen ganz zufälligen, ja sogar ungewollten Akt zur Existenz gelangte, wirklich von Gott als *sein* Geschöpf *gewollt* ist?

Unter den zahlreichen Fragen, die heute der Glaube an die Erschaffung des Menschen aufwirft, habe ich nur eine einzige ausgewählt, von der ich denke, daß sie besonders dringlich und schwierig ist: die Frage der *creatio immediata animae*.

Die Heilige Schrift und die kirchliche Tradition vertreten einmütig die Überzeugung, daß jeder Mensch seine Existenz dem Schöpfungsakt Gottes verdankt: „Du hast mein Inneres geschaffen, mich gewoben im Schoß meiner Mutter" (Ps 139,13); „Deine Hände haben mich gebildet, mich gemacht (...) Denk daran, daß du wie Ton mich geschaffen hast (...) Hast du mich nicht ausgegossen wie Milch, wie Käse mich gerinnen lassen? (...) Leben und Huld hast du mir verliehen ..." (Hiob 10,8–12). Diese Texte verleihen der Überzeugung Ausdruck, daß die Existenz des Menschen auf Gott zurückzuführen ist und daß auch hier der Grund liegt, warum der Mensch vor Gott hingestellt und gerufen ist, mit ihm in einen Dialog zu treten.[60] Eine solche Überzeugung stößt heute auf scheinbar unüberwindliche Schwierigkeiten. Die „wissenschaftliche" Vorstellung vom Ursprung des Menschen scheint für die schöpferische Tätigkeit Gottes sowohl in der Phylogenese als auch in der Ontogenese keinen Platz mehr zu lassen.[61]

Man hat den Eindruck, daß die neuere Theologie zögert, in diese Diskussion einzutreten. Die Enzyklika *Humani generis* konnte noch sagen: „*Animas enim a Deo immediate creari catholica fides nos retinere iubet*" (DS 3896), aber die Hinweise auf die (vielleicht eher scheinbare als wirkliche) Problematik dieser Aussage sind nicht ausgeblieben: diese scheint den göttlichen Schöpfungsakt auf die Seele, den Zeugungsakt der Eltern aber allein auf den Leib zu beschränken; sie scheint also einen „Dualismus" vorauszusetzen, der der biblischen Anthropologie fremd ist.[62] Wie soll man aber theologisch die Erschaffung des Menschen bezeugen?

Die von K. Rahner[63] vorgeschlagene Lösung scheinen auch heute noch viele für die zufriedenstellendste zu halten:[64] Rahners Lösung will vor allem vermeiden, daß das Handeln Gottes als eine Ursache *neben* anderen Ursachen *in* der Welt erscheint. Gott ist kein „Demiurg, dessen Tun innerhalb der Welt geschieht", sondern das transzendente Prinzip, das die Welt trägt. Als „transzendenter, tragender Grund" der Welt „wirkt" „Gott alles durch zweite Ursachen", so daß Rahner als allgemeines Prinzip vorbringt: „Dieses Wirken Gottes ... (wirkt) nicht etwas (...) was das Geschöpf nicht wirkt, weil es nicht *neben* dem Wirken des Geschöpfes wirkt, sondern das seine Möglichkeiten überbietende und überschreitende Wirken des Geschöpfes wirkt". Der Gedanke der Selbsttranszendenz der Zweitursachen erlaubt es Rahner, zu sagen, daß „die Eltern Ursache des einen und ganzen Menschen sind, also auch seiner Seele (...), daß die Eltern die Ursache des Menschen nur sein können, insofern sie den neuen Menschen entstehen lassen durch die ihre Selbstübersteigung ermöglichende Kraft Gottes, die ihrem Wirken innerlich ist, ohne zu den Konstitutiven ihres Wesens zu gehören."[65]

Diese Lösung, so verführerisch sie auch sein mag, ist unhaltbar. Jacques Maritain hat ganz klar gezeigt, in welchem Punkt sie hinkt: „Was die Seele ihrer Kinder betrifft, so sind die Eltern nur verfügende Ursache, denn diese wird von Gott erschaffen. Und erschaffen kann nicht bedeuten und wird auch nie bedeuten können, daß ein neues Wesen mittels eines Geschöpfes hervorgebracht wird, das sich selber wesenhaft übersteigt: denn entweder hat das Geschöpf *nichts* mit dieser Hervorbringung *zu schaffen,* dann sind jenes und seine Selbstübersteigung nur leere Formeln; oder aber es ist selber der Handelnde (unter der Einwirkung Gottes) bei dieser Hervorbringung, dann aber ist ‚erschaffen' nur ein leere Formel".[66]

Der Begriff der *Schöpfung* verlöre seinen Sinn, wenn K. Rahners Axiom, daß „Gott *alles* durch zweite Ursachen wirkt"[67] ohne Ausnahme gelten müsse. *Es gibt in der Tat keine Möglichkeit des Mitwirkens von Zweitursachen im eigentlichen Schöpfungsakt.* Man kann sich natürlich fragen, ob es sich bei der Zeugung eines Menschen um eine *Erschaffung* im eigentlichen Sinne handelt, da ja ganz eindeutig die Eltern diejenigen sind, die einen neuen Menschen zeugen. Es ist jedoch *ebenso klar, daß das neue Wesen, das sie zeugen, nicht bloß ihr Erzeugnis ist, sondern daß es ihnen geschenkt ist und daß es von Anfang an vollkommen Mensch ist, mit seiner Besonderheit und sogar seiner Einzigartigkeit.*

An diesem Punkt ist nun zu entscheiden, welchen Weg man einschlagen will. Wenn man diesen neuen

Menschen darauf beschränkt, nichts anderes zu sein als das Erzeugnis irgendeiner immanenten Ursache (Eltern, Gesellschaft, Evolution u. a.), dann wird man niemals die Einzigartigkeit dieses Menschen bezeugen können (außer wenn man auch noch die Einzigartigkeit auf eine bloße statistische Besonderheit beschränkt, die der Zufall in den genetischen Kombinationen hervorgebracht hat): seine Eigenheit läge nur darin, ein Teil des Ganzen zu sein, sie würde sich nicht wesenhaft von der Eigenheit eines anderen Lebewesens seiner Gattung unterscheiden. Wenn man diesen Weg wählt (und das ist der Fall bei all denen, die die Vorstellung von der menschlichen Person als geistigem Selbstand ablehnen), dann wird es sehr schwierig, die unteilbare und unverlierbare Würde eines jeden Menschen zu verteidigen; es wird unmöglich – sofern man nicht bereit ist, gegen die Logik dieses Weges zu verstoßen –, das Ganze nicht über den einzelnen zu stellen, das Gesamte über das Individuum, den Menschen den Bedürfnissen und Interessen der Gruppe, des Kollektivs, des Staates, der Evolution,[68] der Gattung usw. unterzuordnen.

Wenn man jedoch annimmt, daß man den Menschen in seiner geistigen Dimension nicht auf irgendeine materielle Ursache zurückführen kann,[69] dann ist man auch gezwungen einzuräumen, daß ein geistiger Selbstand nur durch einen Schöpfungsakt Gottes hervorgebracht werden kann. So argumentiert auch Thomas von Aquin: da die geistige Seele Akte hervorbringt, die nicht vom Leib abhängig sind, muß sie für sich bestehend[70] sein; sie kann aber nur als von Gott Geschaffene für sich bestehend sein. Die Behauptung, die geistige Seele könnte von den Eltern hervorgebracht werden, kommt einer Leugnung ihres Selbstandes gleich.[71] Der Hauptgrund, warum Thomas von Aquin die unmittelbare Erschaffung der geistigen Seele lehrt, ist ein theologischer: der Mensch hat die unverlierbare Würde einer nach Gottes Bild geschaffenen Person nur als geistiges Selbstandwesen, das sich vom Schöpfungsakt Gottes empfängt.[72]

Die Lehre von der unmittelbaren Erschaffung der Seele will zunächst also sagen, daß die menschliche Person als geistiges Selbstandwesen nicht auf eine innerweltliche Ursache zurückführbar ist. Das hat bedeutende Konsequenzen für das Verständnis von der Würde des Menschen: sie beruht letztlich auf dem, was nur Gott dem Menschen geben kann: seinem Selbstand als Person.

Es ist nicht einfach, eine Beziehung zwischen dieser Glaubensüberzeugung und den wissenschaftlichen Vorgaben bezüglich der Ontogenese des Menschen herzustellen. Darin liegt dennoch eine wichtige Aufgabe für die heutige Theologie. Man müßte nämlich zeigen, inwiefern das schöpferische Handeln Gottes den Beitrag der Eltern nicht schmälert, sondern ihm im Gegenteil die ganze Würde eines Mitwirkens (als *verfügende* Ursache) am Schöpfungswerk

Gottes verleiht. Es ist klar, daß dieses Mitwirken für die Naturwissenschaften nicht erfaßbar ist. So sei es mir gestattet, einfach einen rabbinischen Text zu zitieren, der auf seine anschauliche und von Humor getränkte Art das aussagt, was kaum wahrnehmbar bleibt:

> „Drei wirken bei der Gestaltung eines Menschen mit: Gott, der Vater und die Mutter. Der Vater bringt den weißen Samen mit, mit dem die Knochen, die Sehnen, die Finger- und Zehennägel, das Gehirn und das Weiße im Auge gebildet werden; die Mutter bringt das Rote mit, mit dem die Haut, das Fleisch und das Blut gebildet werden; und Gott verleiht ihm den Geist, die Seele (oder den Lebensatem), die Schönheit der Gesichtszüge, den Gesichtssinn, das Gehör, die Sprache, den Gang, die Verständnis- und die Urteilskraft. Und wenn die Zeit gekommen ist, die Erde zu verlassen, dann nimmt Gott sich wieder seinen Teil und läßt dem Vater und der Mutter ihren Teil."[73]

Auch die so schwierige Frage des Augenblicks der Erschaffung der geistigen Seele müßte neu aufgegriffen werden; diese Frage ist wiederum in der Diskussion,[74] aber meiner Meinung nach kann man sich keine der verhandelten Positionen endgültig zu eigen machen. Aber diese Debatte würde hier zu weit führen.

IV.
DIE ERSCHAFFUNG DES MENSCHEN ALS FROHE BOTSCHAFT

*A*perta enim manu clave amoris, creaturae pro-
dierunt";[75] Die göttliche Liebe ist der Schlüssel,
der die Hände des Schöpfers geöffnet hat, um den
Menschen zu erschaffen. Den Grund der Würde des
Menschen in der Erschaffung zu finden, die ihm
Sein und Existenz verleiht, heißt, ihn im Geheimnis
der Liebe Gottes zu finden.

Die christliche Auffassung von der Würde des
Menschen mündet ins Geheimnis Gottes, der die
Liebe ist. Die Überzeugung, daß jede menschliche
Person eine unverlierbare Würde besitzt, wurzelt im
letzten in der Glaubensgewißheit, daß es uns gibt,
weil Gott uns erwählt hat: „Der Grund, daß wir aus
dem Nichts gezogen wurden, daß wir existieren, besteht darin, daß Gott uns so wollte … Unsere Erwählung besteht in der Tatsache, daß wir existieren;
die Entscheidung Gottes für uns liegt in der Tatsache, daß wir aus dem Nichts gezogen wurden … Die
Sehnsucht nach uns, die Gott von Ewigkeit her in
seinem Herzen hegt und in der jeder von uns absolut

einzigartig ist, hat uns zur Existenz gebracht, das ist das Geheimnis unseres Seins".[76]

Die ganze Tiefe dieser „Erwählung, die ins Dasein ruft", wurde erst offenbar, als Gott „den Erben", seinen einzigen Sohn sandte. Darin zeigte sich, daß die Schöpfung „der erste Akt seines Planes" war, den Menschen „an Kindes Statt anzunehmen": „Gott schuf uns nicht, um uns zu erschaffen, sondern er schuf uns, um uns an Kindes Statt anzunehmen";[77] Gott „ersann" den Plan, uns an Kindes Statt anzunehmen, in seinem Sohn: „In seinem Sohn und für seinen Sohn ersann der Vater diesen Liebesplan, aus dem er die Schöpfung hervorgehen ließ ... Die Annahme des Menschen an Kindes Statt im Sohn ist das Ziel der Schöpfung, ihre Ausrichtung; es ist die Ausrichtung der Schöpfung, die dieser ihre Form verleiht."[78]

Die Dimension der menschlichen Würde zu entdecken bedeutet weit mehr, als nur eine „spekulative" Lösung zu finden: es geht um ein befreiendes Wort, einen Blick auf den Menschen, der diesen heilt. Zum Abschluß dieser Ausführungen soll kurz aufgezeigt werden, wie die Verkündigung der Würde des Menschen im Plan Gottes *heute* zur Frohen Botschaft wird, die auf die oft verzweifelte Suche in unserer Zeit eine Antwort gibt:

1. *Die Suche nach dem Ursprung:* Die *psychoanalytische* Bewegung könnte man als weitreichende Suche nach dem Ursprung umschreiben, als eine Art

Archäologie des Menschen. Das Drama der Psycho-analyse liegt aber oft darin, daß diese Suche nicht bis zum Ursprung, den sie sucht, vordringt, und daß sie somit ohne Ziel bleibt – außer sie entdeckt, daß das *ganze* Geschick, die ganze erlebte oder ver-drängte Geschichte, die die analytische Archäologie zu entziffern sucht, bereits von diesem „entschei-denden", unwiderruflichen Ja des Schöpfungsaktes = Erwählung = Annahme des Menschen an Kindes Statt umgeben und getragen wird. Im Grunde einer jeden Existenz findet sich das ewige *Ja* des Sohnes zum Vater: „Unsere ganze Schöpfung, alles, was wir sind, ist bereits an seiner Quelle in Gott, in seinem Schöpferplan durch dieses *Amen* des Sohnes gebor-gen".[79] Nur in diesem Amen findet die Suche nach der Herkunft ihr Ziel, ihre Ruhe, die Antwort, zu der eine analytische Archäologie niemals alleine verhel-fen kann, denn die Spuren der Vergangenheit, die sie ausgräbt, können niemals dieses befreiende *Ja* sagen, das die Analyse letztlich sucht.

Bei dieser Suche nach der Herkunft erleben wir heute so etwas wie eine verzweifelte Flucht nach vorne: Eine ganze Strömung der Psychoanalyse wendet sich der Reinkarnation zu, weil sie glaubt, in „vorherigen Leben" das zu finden, was die Ana-lyse des gegenwärtigen Lebens nicht zu erhellen vermochte.[80] Ich bin davon überzeugt, daß ein di-rekter Zusammenhang existiert zwischen *dem un-glaublichen Sprießen von religiösen Überzeugungen, die die Reinkarnation vertreten, und dem Vergessen des Schöpfergottes.* Es ist nur dann logisch, den Sinn seines jetzigen Lebens in der verzweifelten Abfolge aufeinanderfolgender Leben zu suchen, wenn das gegenwärtige Leben sich nicht mehr als solches gewollt und von einem unwiderruflichen Ja getragen weiß. Um einen Ausweg aus der Sackgasse der Reinkarnation zu zeigen, müßte man, wie mir scheint, die große augustinische Lehre von der *memoria* neu entdecken, und zwar als eine Art „Quellgegenwart" der göttlichen Vaterschaft, die, wenn man sich diese wieder bewußt macht, den Menschen von einer grenzenlosen Suche nach seiner Herkunft befreien kann.

2. *Die Suche nach der Unschuld.* Die Suche nach der Herkunft, die so viele unserer Zeitgenossen in die Reinkarnationslehre treibt, ist immer auch eine Suche nach der Unschuld. Nichts verletzt das Gespür für unsere Würde so sehr wie der Verlust der Unschuld. Die Allgegenwärtigkeit von „Ideologien der Unschuld"[81] in unserer Zeit zeugt von der elementaren Macht der Suche nach der Unschuld. Außerhalb dieses *Ja* des Schöpfers zu seinem Geschöpf, außerhalb dieses Blickes, der „zu rein" ist, „um Böses mit anzusehen" (vgl. Hab 1,13) und der allein dem Menschen seine Würde wieder intakt zurückgeben kann, gibt es jedoch keine Möglichkeit, dem Menschen die Würde seiner Unschuld wiederzugeben: „In seinem ursprünglichen Blick auf uns sieht Gott uns im Sein,

das er uns gibt, und in diesem Blick schaut er nicht unsere Sünde an".[82]

Der Teufelskreis einer „autonomen" Suche nach der Unschuld wird bei denen durchbrochen, die in diesem Blick ihre Ur-Unschuld gefunden haben, die ihre Identität im Akt der Erschaffung-Erwählung, der sie ins Sein ruft, entdeckt haben. Sie werden frei von der Dialektik, die anderen zu beschuldigen und sich selber von Schuld freizusprechen (oder umgekehrt), und sie können sich selber und die anderen mit den „Augen des Segnens" anschauen, die jeden Menschen in der ursprünglichen Frische des Schöpfungsaktes Gottes wahrnehmen.

SCHLUSSWORT

Das letzte Ziel der Schöpfung war der Mensch, aber das letzte Ziel des Menschen ist Gott: nur in diesem Spannungsverhältnis findet die Verherrlichung des Menschen und seiner Würde ihren wahren Ort. Zwei rabbinische Worte fassen gut zusammen, worin dieser wahre Ort besteht: „Der Mensch kommt dem gesamten Schöpfungswerk gleich";[83] um die Größe des Menschen richtig zu verorten, soll hinzugefügt werden: „Warum wurde der Mensch erst am sechsten Tag erschaffen? – Damit man ihm, wenn er zu hochmütig auftritt, sagen kann: ‚Es gibt keinen Grund, so stolz zu sein, denn die kleine Mücke war im Schöpfungswerk vor dir dran'.“[84]

So wird ihn das wahre „*Conosce teipsum*“, das Wissen um seine Größe nicht überheblich machen, sondern zur Anbetung hinführen; das Wissen um seine Kleinheit, mehr noch: um sein eigenes Nichts wird ihn nicht in die Verzweiflung treiben, sondern ihn in der Demut verankern. Das letzte Wort soll eine Heilige, eine Kirchenlehrerin, haben, denn in den Heiligen entdecken wir am besten die Fülle der menschlichen Würde: „Was war der Grund, daß Du den Menschen mit so großer Würde ausgestattet hast? Die unschätzbare Liebe, mit der Du Dein Geschöpf in Dir selber angeschaut hast und mit der Du Dich in es verliebt hast; denn aus Liebe hast Du es erschaffen, aus Liebe hast Du ihm ein Wesen gegeben, das fähig ist, Dein ewiges Gut zu verkosten.“[85]

LEBEN IN FÜLLE

Wer kennt nicht dieses bisweilen beglückende Gefühl, des Lebens, des Lebendigseins gewahr zu werden? „Ich lebe!" Das Leben lebt in mir. Da ist diese rätselhafte Wirklichkeit meines Lebens. Nein, ich bin nicht tot, in meinen Gliedern lebt das Leben, ich bewege mich, ich bin lebendig, und was sich in mir regt, das Leben, ich sehe es um mich, ich nehme wahr, wie es in tausenderlei Gestalt da ist, in Pflanzen, Tieren, Menschen, in der Luft, auf der Erde, im Wasser: Leben überall, und was ich in mir fühle, das muß mit dem verwandt sein, was ich um mich sehe: das Geheimnis „Leben"!

Aber wer kennt nicht auch diese andere Erfahrung: „Ist nicht Frondienst des Menschen Leben auf der Erde? Sind nicht seine Tage die eines Tagelöhners? Wie ein Knecht ist er, der nach Schatten lechzt, wie ein Taglöhner, der auf den Lohn wartet" (Hiob 7,1–2). Der Dulder Hiob empfindet sein Leben als kaum mehr zu tragende Last: „Schneller als das Weberschiffchen eilen meine Tage, der Faden geht aus, sie schwinden dahin. Denk daran, daß mein Leben nur ein Hauch ist." Unerträgliche Nächte, mühebeladene Tage: „Sagte ich: Mein Lager soll mich trösten, mein Bett trage das Leid mit mir, so quältest du mich mit Träumen, und mit Gesichten jagtest du mich in Angst. Erwürgt zu werden zöge ich vor, den Tod diesem Totengerippe. Ich mag nicht mehr. Ich will nicht ewig leben. Laß ab von mir; denn nur ein Hauch sind meine Tage ..." (Hiob 7,13–16).

Daß das Leben zur Last wird, die zu tragen schwer wird – wer kennt nicht solche Momente? Ein altes Kirchenlied, dem der Dichter Rainer Kunze bewegende Seiten der Interpretation gewidmet hat, bringt diese Bürde des Lebens drastisch zum Ausdruck:

„Mein Gott, nun ist es wieder Morgen, die Nacht vollendet ihren Lauf; nun wachen alle meine Sorgen auf einmal wieder mit mir auf. Die Ruh ist aus, der Schlaf dahin, und ich seh' wieder, wo ich bin."

Dieses Lied steht im „Gesangbuch für die evangelisch-lutherische Kirche in Bayern". Ein kritischer Geistlicher meinte dazu: „Wenn meine Seele auf diesen dumpfen Ton gestimmt wäre, sie könnte mir die Freude am Leben verleiden, vielleicht sogar die Freude am Gottesdienst". Rainer Kunze hält demgegenüber in seiner Auslegung fest, aus welch realer Noterfahrung heraus dieses Lied in der frühen Zeit der Industrialisierung im 19. Jahrhundert gedichtet wurde, aber auch, daß solch schreckliches Erwachen uns jederzeit treffen, uns „die Freude am Leben verleiden" kann.[1]

Zwischen diese beiden Erfahrungen ist unser Leben eingespannt, der Freude, leben zu können, und der Last, leben zu müssen. Die Sehnsucht nach einem Leben, das nicht mehr Bürde, sondern Fülle ist, wird von solcher Spannung gespeist. Der hl. Augustinus hat dieses Sehnen in den *Bekenntnissen* auf eine in der lateinischen Knappheit unüberbietbare Weise ausgedrückt. Im berühmten Text des 10. Buches „*sero te amavi*" („spät habe ich dich geliebt") spricht er von dem wahrhaft lebendigen Leben, das er erst spät erkannt hat, als ihm die Gnade geschenkt wurde, dem Ruf der Liebe Gottes zu folgen:

„Spät habe ich dich geliebt, du Schönheit, so alt und so neu; spät habe ich dich geliebt! Du warst in meinem Inneren, aber ich war draußen und suchte dich dort, und ich, der Häßliche, stürzte mich auf das Schöne, das du geschaffen hast. Du warst bei mir, aber ich war nicht bei dir ... Du rührtest mich an, und ich entbrannte in Sehnsucht nach deinem Frieden. Wenn ich mit meinem ganzen Selbst dir anhange, habe ich nirgends mehr Schmerz und Mühsal. Mein Leben wird wahrhaftig lebendig sein, ganz erfüllt von dir *(Cum inhaesero tibi ex omni me, nusquam erit mihi dolor et labor; et viva erit vita mea, tota plena te)*. Wen du erfüllst, den richtest du auf. Da ich (noch) nicht (ganz) von dir erfüllt bin, bin ich mir zur Last."[2]

Vom Leben also ist die Rede, vom vollen, erfüllten Leben, vom „Leben in Fülle", das Jesus versprochen hat (Joh 10,10).

Was ist mein Anliegen in diesem Vortrag? Worauf soll hinauslaufen, was im Folgenden betrachtet wird? Eben das, was Augustinus gesagt hat, was er für sich ersehnte und was wohl die Sehnsucht vieler ist: eine *viva vita,* ein lebendiges, lebensvolles Leben. Was diese Sehnsucht antreibt, ist das so belastende Gefühl *ungelebten Lebens,* eines dahingelebten Lebens, oft auch des gestohlenen, geraubten Lebens, das durch Not, Streit, durch Krankheit und letztlich durch den Tod uns vorenthalten, entzogen, weggenommen wird. Aber auch das andere drückende Gefühl, daß Leben vertan, vergeudet wird, daß es uns unter den Händen zerbröselt, durch die Finger verrinnt, ja daß wir es falsch gelebt, eben nicht lebendig gelebt haben, auch das kann an unserer Lebenssubstanz nagen.

Wie soll ich also dieses so gewaltige und so vitale Thema angehen? Ich will es so versuchen, wie es sich mir seit einem Jahr, im Nachdenken über den heutigen Vortrag, aufgedrängt hat, wobei ich mir sehr bewußt bin, wie partiell mein Zugang ist.

Ausgangspunkt ist die mich immer mehr bewegende Frage, warum wir nicht mehr staunen über das, was ist. Es ist doch alles eher als selbstverständlich, daß ich lebe, daß es mich gibt, daß es diese Erde gibt, daß es überhaupt etwas gibt. Diese Urfrage der *Metaphysik* („Warum ist etwas und nicht vielmehr nichts") stellt sich mir zuerst und immer deutlicher als konkrete Frage an die *Physik,* die Kosmologie: Warum gibt es überhaupt Leben im Universum? Dies wird meine erste Frage sein, auf die zu antworten mir nur im Hören auf Naturwissenschaftler und deren Aussagen möglich ist.

Als zweite Frage bewegt mich die Urfrage nach dem *menschlichen* Leben. Warum ist es so herrlich und so mühsam, so schön und so gefährdet? Was macht Leben lebendig? Und schließlich ist es die dritte und doch allererste Frage nach dem Gott meines Lebens, nach dem, der allein ganz und gar „der Lebendige" heißt und ist.

Sie mögen nun fragen: Wie soll das alles in einen Vortrag von 45 Minuten passen? Zumal vieles, das hier anzusprechen wäre, einerseits selbstverständlich, andererseits aber so komplex ist, daß es alle gegebenen Rahmen sprengt. Ich will es dennoch versuchen, mit Gottes Hilfe, und sei es nur, daß es mir gelingt, Ihnen etwas von dem zu sagen, was mich Staunen und Sehnen macht.

I.

VON DER UNWAHRSCHEIN-
LICHKEIT DES LEBENS

In der Zeitschrift „Spektrum der Wissenschaft", der deutschen Ausgabe des „Scientific American", erschien im Dezember 2001 ein Artikel mit dem Titel „Lebensfeindliches All".[3] Zwei der drei Autoren, Peter D. Ward und Donald Brownlee, haben im Jahr 2000 zum selben Thema ein Buch herausgebracht, das in der deutschen Übersetzung den Titel trägt: „Unsere einsame Erde": „Rare Earth. Why Complex Life is Uncommon in the Universe".[4] Die New Yorker Monatsschrift „First Things" brachte in ihrer Märznummer dieses Jahres einen Artikel von Fred Heeren mit dem Titel „Home Alone in the Universe?"[5]

Überall geht es um denselben Themenkreis: die Frage nach einer Art Wende der Kopernikanischen Wende. Das Kopernikanische Weltbild hat die Erde aus ihrer privilegierten Stellung im Universum verbannt. Zuerst rückte die Sonne in den Mittelpunkt. Dann mußte bald auch sie sich damit begnügen, nur ein Stern unter Milliarden Sternen in unserer Milchstraße zu sein. Schließlich wurde unsere Galaxis zu einer unter Milliarden von Galaxien. Die

Relativierung unseres irdischen Ortes in den unfaß-
baren Weiten des Universums führte unweigerlich
auch zur Relativierung der Einmaligkeit des Lebens,
ja der menschlichen Zivilisation auf unserem Planeten. Leben, vor allem intelligentes Leben kann doch
in einem derart gigantischen Universum nicht sin-
gulär sein. Die blühende Phantasie der Science-Fic-
tion-Romane und -Filme hat denn auch längst schon
die Lücken unseres Wissens gefüllt, und auch die
Geldbörsen der Autoren, denn offensichtlich kommen sie einem tiefen Bedürfnis nach geheimnisvol-
len anderen Welten entgegen. Beeindruckend sind
die Zahlen: In den Neunzigerjahren, so schätzen
Psychologen, behaupteten allein in den USA 900.000
Menschen, mit extraterrestrischen Wesen in Kontakt
gewesen und von ihnen zeitweise entführt worden
zu sein.[6] Die Inbrunst, mit der nach Außerirdischen
Ausschau gehalten wird, hat quasi religiösen Charakter, und jede Infragestellung der Sinnhaftigkeit
der ETI-Forschungen wird beinahe als Religions-
störung geahndet. Die finanziellen Mittel, die für
die Suche nach Signalen extraterrestrischer Intelligenzen aufgewendet werden, sind beachtlich, um so
beachtlicher, als die Resultate bisher den Nullpunkt
noch immer nicht überschritten haben.

Gibt es Leben anderswo im Universum? Ist vor
allem intelligentes Leben nach heutigem Wissens-
stand im Universum eine Wirklichkeit, die mit ho-
her Wahrscheinlichkeit häufig vorkommt? Oder

sind die Bedingungen, die Leben und besonders intelligentes Leben auf unserem Planeten möglich gemacht haben, derart komplex, ist ihr Zusammentreffen von derart großer Unwahrscheinlichkeit, daß die Rede von der Singularität unserer Situation neu an Gewicht gewinnt?

Dazu – ohne ausführlich auf die Frage eingehen zu können – drei stichwortartige Hinweise:

1. Vom Glauben der Kirche her gesehen gibt es keinen Grund, die Existenz anderer Welten, auch anderer Intelligenzen im Universum auszuschließen. 1277 verurteilte ein französisches Konzil die Position, die mit aristotelischen Argumenten eine Pluralität der Welten ausschließen wollte.[7] Auch mit der Einzigkeit der Heilsmittlerschaft Jesu Christi ist die Annahme anderer Lebenswelten nicht unvereinbar. Sei es, man nehme an, die eine Erlösungstat Jesu Christi gelte für alle Welten mit freien, intelligenten Wesen; sei es, man erwäge die Möglichkeit von nicht gefallenen und somit nicht erlösungs-, sondern nur vollendungsbedürftigen Welten, wie sie C. S. Lewis in seinem Science-Fiction-Roman *Perelandra* erdacht hat.[8] Der katholische Glaube ist hier offen für jedes echte Forschungsresultat.

2. Die Forschung ist freilich hier bisher arm an echten Resultaten. Das „Fermi-Paradoxon" bleibt unbeantwortet. Der italienische Physiker Enrico Fermi hatte es bereits 1950 formuliert: In den Milliarden Jahren, auf den Milliarden Sternen allein un-

serer Galaxis hätten Zivilisationen wie die unseres Planeten Zeit und Raum in Fülle gehabt, das All zu „kolonialisieren", sich bemerkbar zu machen. „Wo", so fragte Fermi, „wo sind sie?"[9] Darauf konnte bis heute, auch nach 50 Jahren der Forschung, keine Antwort gegeben werden. Im Gegenteil, die Skepsis wuchs von Jahr zu Jahr, die Ernüchterung über die tatsächlichen Möglichkeiten interstellarer Migrationen, von intergalaktischen ganz zu schweigen, ist groß. Selbst wenn wir im Universum nicht allein wären, die Chancen, anderen unseresgleichen zu begegnen, werden für immer geringer eingeschätzt.

3. Um so lauter wird die Frage gestellt, ob überhaupt im Universum ausreichend lebensfreundliche Räume existieren, ob die Bedingungen für das Entstehen und Bestehen von Leben nicht eher zu den extremen Unwahrscheinlichkeiten zu zählen sind. „Denn inzwischen wissen wir, daß die allermeisten Orte unseres Sonnensystems absolut lebensfeindlich sind." Ja, es zeigt sich immer deutlicher, „daß unser gesamtes Milchstraßensystem weitgehend unwirtlich ist".[10] Um so größer wird die Frage, wie es im schmalen „Lebensgürtel" unserer Galaxis, in unserem Sonnensystem und auf unserem Planeten zu Leben kommen konnte. Was wir in unserem Alltag unreflektiert für selbstverständlich halten, ist es ganz und gar nicht. Die Bedingungen, daß wir existieren können, sind extrem komplex, und daß sie alle erfüllt werden, ist außerordentlich unwahr-

scheinlich. Es ist hier nicht die Zeit und auch nicht meine Kompetenz, im Detail zu referieren, was von Forschern heute diesbezüglich alles angeführt wird. Zwei unter vielen Argumenten seien wenigstens erwähnt:

„Seit Milliarden von Jahren umkreist die Erde einen Stern mit relativ konstantem Energieausstoß. Obwohl einfaches Leben sogar auf den rauhesten Planeten und Monden existieren mag: komplexes Leben ähnlich dem irdischen erfordert nicht nur sehr günstige Umstände, sondern deren Konstanz über lange Zeiträume. Tiere, wie wir sie kennen, benötigen Sauerstoff. Es dauerte jedoch bereits 2 Milliarden Jahre, um genügend Sauerstoff zu produzieren, damit Tiere auf der Erde existieren konnten. Hätte der Energieausstoß unserer Sonne während dieser langen Periode (oder auch danach) zu starke Fluktuationen erfahren, hätte sich komplexes Leben auf diesem Planeten wahrscheinlich nicht entwickelt … (bzw.) würde es kaum nennenswerte Zeiträume überdauern."[11]

„Eine weitere Voraussetzung für die Entstehung und Erhaltung höheren Lebens auf der Erde war die vergleichsweise niedrige Einschlagrate von Asteroiden und Kometen." Ohne den Großplaneten Jupiter wäre die Erde kaum so gut vor kosmischen Bombardierungen geschützt. Er scheint wie eine Art „Kometen- und Asteroidenfänger" zu wirken, wie ein Staubsauger für den lebensbedrohenden kosmischen Müll aus dem Sonnensystem.[12]

Was mich an diesen und vielen anderen hier nicht genannten Argumenten beeindruckt, ist die höchste *Kontingenz* unseres Daseins, die völlige „Unselbstverständlichkeit" unserer Existenz. Ob freilich Leben, *unser* Leben als zufällig, ja als extrem zufällig zu gelten habe, das ist nicht mehr eine naturwissenschaftliche, sondern letztlich eine metaphysische Frage. Genau an dieser Frage aber stoßen, ja scheiden sich die Geister. Stephen Hawkings etwa wendet gegen die Sonderstellung der Erde, des Lebens, des Menschen im Universum ein:

„The human race is so insignificant. I find it difficult to believe the whole universe is a necessary precondition for our existence. Clearly the solar system is necessary, and maybe our galaxy, but not a hundred billion other galaxies."[13]

Wie dem auch sei, Tatsache ist, daß das Leben erschienen ist, daß es trotz seiner extremen Unwahrscheinlichkeit und Bedrohtheit sich als stark und von unleugbarer Wirklich- und Wirksamkeit erweist. Nie werden wir vor dieser Tatsache genügend staunen, und je tiefer die Forschung eindringt in die Bausteine, in die Baugesetze, in die Werde- und Wandlungsvorgänge des Lebens, desto staunens-

werter steht vor uns die Tatsache des Lebens, desto
erschütternder aber wird auch die so verbreitete Ba-
nalisierung des Lebens, desto unbegreiflicher wird
mir das mangelnde Staunen über das Leben. Für
den Glaubenden ist dieses *Staunen über das Leben*
immer auch ein *Danken für das Leben*. Denn die
Frohe Botschaft unseres Glaubens ist *Evangelium
vitae*, Frohbotschaft von dem Leben, das erschienen ist und das siegreich den Tod besiegt. So gilt
der zweite Teil meines Vortrags dem *Evangelium
vitae*.

II.
EVANGELIUM VITAE

Kein Forschungsbereich hat in den letzten Jahren so gewaltige Schritte, um nicht zu sagen Sprünge gemacht wie die Biowissenschaften. Ob diese Schritte auch echte Fortschritte sind, das ist eine Frage, die entscheidend vom ethischen Umgang mit dem Wissenszuwachs abhängt.

Was ist das Leben? Was macht es aus? Dazu ein Genetiker:

„Vor Milliarden von Jahren wurde eine Art Buch geschrieben, oder besser: eine Schriftrolle. Sie enthält sämtliche Informationen, um Leben entstehen zu lassen, egal in welcher Form, ob als Tier, als Mensch, als Zelle oder als Herpesvirus. Die Wissenschaftler haben diesen chemischen Verbindungen Buchstaben gegeben, nämlich A, C, G und T (sie stehen für Adenin, Cytosin, Guanin und Thymin). Es ist in der Tat verblüffend, denn alle Wörter auf dieser Schriftrolle bestehen lediglich aus diesen vier Buchstaben. Die Gesamtzahl der menschlichen Gene, das Genom, ist also wirklich ein Buch; ein Buch mit unzählbar vielen Sätzen. Dieses Buch mit der Geschichte für das Leben, ist vor Milliarden Jahren nur ein einziges Mal geschrieben worden – und die Schrift ist einheitlich."[14]

Wiederum können aus dem immens komplexen Wissensgebiet, das hier angesprochen ist (und in dem ich „blutiger Laie" bin), nur knappe, aber wesentliche Hinweise gesammelt werden.

Sicher scheint heute zu sein, daß „die Sprache des Lebens" für alles Leben auf Erden (und, soweit vorhanden, im Kosmos) mit denselben Buchstaben formuliert ist. „Die Tatsache, daß alle Organismen auf der Erde den gleichen genetischen Kode besitzen, ist der deutlichste Hinweis auf einen gemeinsamen Ursprung."[15] Das wiederum bedeutet, daß es eine tiefe, grundlegende Verwandtschaft alles Lebendigen gibt. Es ist wirklich „The Great Chain of Being" (so der Titel des Buches von Arthur O. Lovejoy von 1936).

Daß auch der Mensch in diese „große Kette des Seins" eingebunden ist, daß er „nur" ein Glied in ihr ist, wird immer wieder mit Emphase von denen betont, die den Menschen nicht als „Krone der Schöpfung" sehen wollen, die ihn als den großen Störenfried der Natur sehen. In der Aufforderung, der Mensch solle sich nicht über die anderen Lebewesen erheben, liegt das berechtigte Anliegen, die in der Folge von Descartes' Trennung von *res extensae* und *res cogitans* aufgekommene Isolation des Menschen zu durchbrechen. Daß dieser anticartesische Pendelschlag oft zu weit geht, ist freilich auch unhaltbar, wenn die Singularität des Menschen innerhalb alles Lebendigen etwa „evolutionsidcologisch" geleugnet wird.

Eine rabbinische Geschichte sei hier genannt: Warum hat Gott den Menschen erst am sechsten Tag geschaffen? Rabbinische Antwort: Damit, falls du überheblich wirst, dir gesagt werden kann: die Fliege ist vor dir erschaffen worden. Daß die hier geforderte Demut nicht gegen die Sonderstellung des Menschen spricht, mag folgende köstliche Anekdote beleuchten: Ein berühmter Dominikaner-Philosophieprofessor, es war P. Bochenski, erklärte einmal seinen Mitbrüdern bei Tisch (ich war dabei), er schreibe jetzt an einem Buch, in dem er beweisen werde, daß der Mensch sich nicht vom Tier unterscheide, worauf einer der Kommensalen, der Dominikaner-Philosophieprofessor P. Geiger, die Frage stellte: „Ist dieses Buch autobiographisch?"

Offensichtlich gilt es *beides* zu halten: die völlige Verwandtschaft alles Lebendigen, die in großartiger Weise im gemeinsamen Alphabet der „Sprache des Lebens" zum Ausdruck kommt, und die einzigartige Würde des Menschen, von dem das II. Vatikanische Konzil in einer berühmt gewordenen Formel sagt, er sei „auf Erden das einzige Geschöpf, das Gott um seiner selbst willen gewollt hat".[16] Er ist auch das einzige uns bekannte sichtbare Wesen (die Frage der rein geistigen Geschöpfe klammere ich hier aus), das dies *begreifen* kann, das die Schrift, in der das Leben geschrieben ist, entziffern kann. Er allein kann sie deshalb auch als *Anrede* Gottes an ihn verstehen. Kardinal Ratzinger bringt es auf eine klare und knappe Formel: „Die Schöpfung trägt eine Ordnung in sich. Wir können aus ihr die Gedanken Gottes ablesen – und sogar die richtige Art, wie wir leben sollen."[17]

Zu wissen, wie wir leben sollen: das ist die zentrale Frage unserer Zeit geworden, die *ethische Frage.* Sie stellt sich heute deutlicher als je zuvor als die notwendige Wahl zwischen zwei Wegen. Moses hat das Volk Gottes bereits klar vor die Wahl gestellt:

„Hiermit lege ich dir heute das Leben und das Glück, den Tod und das Unglück vor. Wenn du auf die Gebote des Herrn, deines Gottes, auf die ich dich heute verpflichte, hörst, indem du den Herrn, deinen Gott, liebst, auf seinen Wegen gehst und auf seine Gebote … achtest, dann wirst du leben … Leben und Tod lege ich dir vor, Segen und Fluch. Wähle also das Leben, damit du lebst, du und deine Nachkommen" (Dtn 30,15–16.19).

Seit 24 Jahren zieht ein Prophet durch die Welt, unermüdlich, mit diesem Ruf des Moses, den er unerbittlich, gelegen oder ungelegen, unserer Zeit ins Ohr ruft: „Wähle das Leben!" Es gibt weltweit keine Stimme, die so klar, so unmißverständlich, so kompromißlos die des Ja zum Leben ist wie die immer noch ungebrochene Stimme Papst Johannes Pauls II. Wenn es ein Wort gibt, das wie kein anderes sein Pontifikat zusammenfaßt, so ist es das Wort vom *Evangelium vitae*. Die Enzyklika, die dieses Wort als Titel trägt, wurde zu Recht als „das größte Dokument dieses Pontifikats" bezeichnet.[18] Diese Stimme, die ebenso entschieden wie einsam gegen einen Golfkrieg sprach, die konsequent die Unantastbarkeit des menschlichen Lebens von der Empfängnis bis zum natürlichen Tod verkündet, die gegen kircheninterne Widerstände den endgültigen Bann gegen die Todesstrafe fordert, die gegen die mächtigen Lobbys der Biotechnologie daran erinnert, daß die Anmaßung der Schöpferrolle die satanische Ursuchung des Menschen darstellt, diese Stimme sei, so sagt Jan Roß, „die einzige Ethik weit und breit … die auf diese Herausforderung eine schlüssige Antwort bietet. Sie ist die Oase der Konsequenz in einer Wüste der Heuchelei",[19] in einer Zeit, in der Grüne jeden Baum besser verteidigen als das ungeborene Menschenkind und in der bürgerliche „C"-Politiker vom christlichen Menschenbild ebenso flüssig reden wie von der Gentechnik als alternativer Zukunftsbranche.

In *Evangelium vitae* geht es nicht primär um Normen und Verbote, als wäre die Ethik des Papstes ein großes Nein, eine Summe alles Unerlaubten. Es geht vielmehr um den Menschen, und darum, daß er mehr ist als die Summe seiner Fähigkeiten, daß nicht erst Rationalität und Selbstbewußtsein ihm das Lebensrecht verleihen. Der Mensch ist mehr als ein Aggregat von Zuständen der Lust und Unlust, das man ausschalten könnte, „wenn die Glücksbilanz negativ wird". Gerade in dieser Spätzeit seines Pontifikats zeigt der Papst für jeden sichtbar, daß Schmerz und Krankheit, so sehr sie zu bekämpfen sind, doch zum Leben gehören. Er ist der große Gegenpol, ja das Bollwerk gegen eine Sicht des Lebens, die die totale Abschaffung des Leidens betreibt und die – wie Holland und Belgien zeigen – „mit der Abschaffung der Leidenden" endet.

„Nicht die Idole von Kraft, Gesundheit und Schönheit zeigen, was der Mensch in Wahrheit ist, nicht die Halbgötter der heidnischen Antike oder die Siegertypen und Musterkörper der neuheidnischen Leistungs- und Konsumgesellschaft. Das christliche Bild vom Menschen ist anders. Es ist das Bild Christi selbst, am Anfang und am Ende, an Weihnachten und am Karfreitag – das hilflose Kind in der Krippe und der Gekreuzigte in seiner Todesqual. *Ecce homo.*

Die Kirche Johannes Pauls II. mit ihrer scheinbar vorgestrigen Sexualmoral ist die einzige gesellschaftliche Instanz, die in der Auseinandersetzung um das ‚Leben‘, vom Reagenzglas bis zur Intensivstation, den großen politisch-moralischen Konfliktstoff der Gegenwart und der Zukunft erkannt hat, vergleichbar der sozialen Frage des 19. Jahrhunderts."[20]

Der Papst sieht *hier* eine Auseinandersetzung am Werk, in der es um die letzten Entscheidungen geht, eine „Kultur des Todes" oder eine „Kultur des Lebens", und in diesem Konflikt kann es keine Neutralität geben. Der Papst geht so weit, hierin eine Frage von Sein oder Nichtsein des Rechtsstaates zu sehen. Eine Rechtsordnung, die das naturgegebene und vom Schöpfer verliehene Lebensrecht verletzt, verliert für ihn ihre Legitimität.[21] „Nur die Achtung vor dem Leben kann die wertvollsten und notwendigsten Güter der Gesellschaft, wie die Demokratie und den Frieden, schützen und garantieren."[22] Hier ist seine Rede nicht mehr die des Diplomaten, des Politikers, der notwendigerweise den Kompromiß und die Kunst des Möglichen sucht, sondern des Propheten, der in letzter Unerbittlichkeit das vor Augen führt, was schlicht und einfach als *die Wahrheit* zu bezeichnen ist.

„Der Mensch ist der Weg der Kirche"[23] – dieser gewiß mißverständliche Satz kann als die *Kernaussage* des Pontifikats Johannes Pauls II. gelten. Die Wahrheit über den Menschen zu kennen und zu künden ist daher auch die *Kernaufgabe,* die der Papst sich und der Kirche gestellt hat. Das *Evangelium vitae* ist vor allem Evangelium von der unvergleichlichen Würde jeder menschlichen Person.[24]

Die Garantie für die unveräußerliche Menschenwürde und die sich daraus ergebenden Menschenrechte liegt freilich nicht im Menschen allein, sondern in seinem transzendenten Ursprung und Ziel. „L'homme passe infiniment l'homme" (Pascal). Henri de Lubac sagt es im *Humanismus ohne Gott*: „Der Mensch ist nur Mensch, weil sein Antlitz von einem Strahl göttlichen Lichtes erleuchtet ist ... Verschwindet die Lichtquelle, so erlischt alsbald auch der Widerschein."[25]

Weil der Papst die *Wahrheit über den Menschen* nicht als konfessionelles Sondergut, sondern als Gemeingut der Humanität sieht, sucht er auch unentwegt und unbeirrt den Dialog mit allen Menschen guten Willens, mit den anderen Konfessionen und Religionen, mit den Wissenschaftlern (denken wir an die einzigartige Tradition der Castel-Gandolfo-Gespräche!) und Staatenlenkern, und immer wieder über die Medien mit allen Zeitgenossen.

Die Wahrheit über den Menschen ist freilich stets bedroht von Irrtum und Ideologie, sie bedarf daher der Verankerung in der Gewißheit der Offenbarung. Denn, so lautet eines der vom Papst am häufigsten zitierten Worte des II. Vaticanums: „Das Geheimnis des Menschen klärt sich tatsächlich nur im Geheimnis des fleischgewordenen Wortes wahrhaft auf."[26]

Dieses Geheimnis aber heißt *Hingabe*. Nicht Selbstverwirklichung, sondern Selbsthingabe entspricht der Wahrheit des Menschen und damit dem erfüllten Leben.

„Das Evangelium", hat der Papst 1994 geschrieben, „verspricht keinen leichten Erfolg. Es verspricht niemandem ein bequemes Leben. Es stellt Ansprüche ... Das Evangelium enthält ein grundlegendes Paradoxon. Um das Leben zu finden, muß man das Leben verlieren; um geboren zu werden, muß man sterben; um sich zu retten, muß man das Kreuz auf sich nehmen ... Immer und überall wird das Evangelium eine Herausforderung an die menschliche Schwäche sein. Doch gerade in dieser Herausforderung liegt seine Stärke. Der Mensch hegt vielleicht in seinem Unterbewußtsein die Erwartung einer solchen Herausforderung, denn er hat das Bedürfnis, sich selbst zu überwinden. Nur wenn er sich selbst überwindet, ist der Mensch wirklich Mensch."[27]

Wenn Papst Johannes Paul II. das sagt, so ist es von seltener Glaubwürdigkeit, es ist durch sein Leben und Leiden gedeckte Währung, wie die jüngste Reise des Papstes in die „Neue Welt" wieder gezeigt hat.

Selbstüberwindung als wirkliches Menschsein, Hingabe als *vita vere viva,* als Überwindung der Tristesse ungelebten Lebens: dieses Paradox hat seinen letzten Wurzelgrund im Geheimnis Gottes selbst.

111

III.
„ICH BIN DAS LEBEN"

Ich bin gekommen, damit sie das Leben haben und es in Fülle haben" (Joh 10,10). Diese Selbstaussage Jesu steht im Kontext seiner Hirtenrede: „Ich bin der gute Hirt. Der gute Hirt gibt sein Leben für die Schafe ... *Ich* gebe mein Leben in für die Schafe ... Diesen Auftrag habe ich von meinem Vater empfangen" (Joh 10,18).

Das Evangelium vom Leben ist nicht nur eine originelle und tiefgründige Reflexion über das menschliche Leben, und es ist nicht nur Ansporn zur Sensibilisierung des Gewissens und zur Veränderung der Gesellschaft, es ist *vor allem* eine konkrete, personale Wirklichkeit, „es besteht in der Verkündigung der Person Jesu selber".[28]

Wovon wir leben werden? Vom Leben, von dem Leben, von dem alles Leben kommt, von dem, von dem Johannes im Prolog seine Evangeliums sagt: „In ihm war das Leben" (Joh 1,4). Er selber aber geht noch weiter. Nicht nur, daß in ihm das Leben war: „Ich *bin* der Weg, die Wahrheit und das Leben" (Joh 14,6). „Ich *bin* die Auferstehung und das Leben" (Joh 11,25).

Ein Mensch, der von sich sagt, er *sei das* Leben? Daß einer ein *lebendiger* Mensch ist, das erleben wir

Gott sei Dank immer wieder: und es ist etwas Wunderbares, solchen Menschen zu begegnen, Künstlern, Mönchen, Müttern, Liebenden, Menschen, in denen das Leben zur Erfüllung, zur Fülle gelangt ist. Aber daß einer von sich sagt, er sei „*das* Leben", einfach und absolut, das ist entweder wahnsinnige Anmaßung, tolle Selbstüberschätzung – oder es stimmt: *tertium non datur!*

Wenn es aber stimmt, dann ist es das anbetungswürdigste aller Geheimnisse, dann kann die Sehnsucht nach jener *viva vita,* von der Augustinus spricht, nur in ihm zur Ruhe kommen; dann aber gilt das Wort des gefangenen Paulus, der mit seiner baldigen Hinrichtung rechnen muß: „Denn für mich ist Christus das Leben, und das Sterben Gewinn" (Phil 1,21). Wer das sagen kann, der weiß, wovon wir leben werden, wovon wir jetzt schon leben. Der weiß auch, daß erfülltes Leben nur *Hingabe* heißen kann, Hingabe wie Er, Hingabe, weil Gott selber so „das Leben" ist.

KUNST UND REALE GEGENWART

„Pulchrum est, quod visu placet."

VORWORT

Aus dem weiten Feld des Verhältnisses von Kunst und Glauben greifen die folgenden Überlegungen einen zentralen Punkt heraus: die Bedeutung der Gottmenschlichkeit Jesus Christi für das Kunstverständnis. Die Menschwerdung des Wortes, die unvermischte und ungetrennte Einigung der göttlichen und der menschlichen Natur in der Person Jesu Christi (Konzil von Chalkedon) ist die Grundlage für das katholische Verständnis des Verhältnisses der irdischen Wirklichkeiten zum letzten, transzendenten Ziel des Menschen.

Die folgenden vier Erwägungen beschränken sich auf die konkretere Frage, was die Inkarnation für das Verständnis von Kunst bedeutet, unter besonderer Hinsicht der bildenden Kunst.

Die erste Betrachtung gilt den anthropologischen Grundlagen der Kunst: die Gottebenbildlichkeit des Menschen. Sie stellt die Frage nach dem rechten Umgang mit dem Bild.

In der zweiten Betrachtung geht es um die Menschwerdung Gottes als Fundament christlichen Kunstverständnisses.

Die dritte Erwägung geht von Georges Steiners Buch *Von realer Gegenwart* aus, in dem der inkarnatorische Aspekt der Kunst noch durch den „sakramentalen" ergänzt wird.

Schließlich geht es in der vierten Betrachtung um die eschatologische Ausrichtung, die in der Kunst nicht fehlen darf, soll sie die Gefahr vermeiden, sich selber absolutzusetzen, zur „Kunstreligion" zu werden: alle menschliche Kunst hat Verweischarakter. Sie ist, in ihrem Besten, Abglanz der kommenden Herrlichkeit, aufleuchtend in der Vorläufigkeit des Irdischen.

I.
GLÄUBIGES JA ZUR KUNST

Das grundsätzliche Ja zu Musik und Gesang in der Kirche ist unumstritten, und doch gab es im Laufe der Kirchengeschichte immer wieder Perioden, in denen bestimmte feierliche Ausdrucksformen der Kirchenmusik kritisiert oder abgelehnt wurden. So gab es einst und gibt es in neuerer Zeit wieder eine „pauperistische liturgische Tendenz", derzufolge Musik „eine schöne, aber durchaus entbehrliche Zutat" zur Liturgie sei, entgegen der offiziellen kirchlichen Auffassung, die die Kirchenmusik als einen „wesentlichen" und „integrierenden" Bestandteil der Liturgie bezeichnet, weshalb man heute „von so etwas wie einer Krise der Kirchenmusik" sprechen kann (Hans Haselböck, „Von der Orgel und der Musica sacra").

Das grundsätzliche Ja zum Bild in der Kirche ist ebenso unumstritten, und doch gab es Perioden in der Kirchengeschichte, in denen der Platz der Bilder im Gotteshaus, in der Liturgie und im christlichen Leben in Frage gestellt oder abgelehnt wurden. Professor Günter Rombold spricht von der heutigen Zeit als der Periode des dritten Bilderstreits, nach dem byzantinischen des 8. bis 9. Jahrhunderts und dem protestantischen des 16. Jahrhunderts.

Krise der Kirchenmusik – Krise des Kultbildes

Beide hängen zusammen, haben gemeinsame, teils innerkirchliche, teils allgemein-gesellschaftliche Ursachen. So mag es hilfreich sein, diesen Ursachen nachzugehen beziehungsweise positiv nach der Bedeutung des Bildes für die Liturgie zu fragen, um von da aus Wege zur Erneuerung des christlichen Bildes zu finden.

Denn wie die Kirchenmusik, so wurzelt auch das Kirchenbild in allgemeinen menschlichen Vorgaben, doch findet es erst in Christus, dem „Bild des unsichtbaren Gottes" (Kol 1,15), seine volle Bedeutung. Dank ihm wird die Kirche selbst zum Ort lebendiger Bilder, die vorausdeuten auf eine schon begonnene, aber noch zu vollendende Herrlichkeit: Musik und Bild in der Kirche sind „Vorgeschmack des Himmels" – oder sollten es sein!

Von der Zwiespältigkeit des Bildes

Hans Urs von Balthasar schreibt auf den ersten Seiten seiner großen *Theologischen Ästhetik*,[1] der byzantinische Bildersturm mit seinen theologischen Argumenten gegen das Bild in der Kirche sei ein warnendes „Korrektiv", das „bedacht werden will": Nicht nur der scharfe Bildersturm in Byzanz, sondern auch die bilderkritischen Strömungen bei den

Karolingern, später bei den Zisterziensern (die gegen Auswüchse von Cluny reagieren und das Bild fast vollständig aus dem strengen Kirchenraum verbannen) seien solche Mahnungen. Auch heute mache sich, sagt Balthasar, dieses Korrektiv in Kirchenbaukunst und kirchlicher Kunst bemerkbar. In diesen Strömungen, die zur Bildaskese tendieren, tut sich eine stets und heute besonders berechtigte Sorge kund: Das Bild ist für uns nicht ohne Gefahr, denn es ist nicht eindeutig, es genügt sich daher auch nie selber.

Das Bild hat zwei Seiten: Es zeigt, doch verhüllt es auch. Es kann offenbaren, aber auch täuschen. Ein Maler kann im Porträt schmeichlerisch verschönen, aber auch schonungslos entlarven. Nicht nur die sichtbaren, äußeren Bilder sind zwiespältig, auch die inneren, die seelischen Bilder sind dergestalt: Sie können helfend führen oder täuschend irreleiten.

Es genügt, ein wenig über diesen Zwiespalt nachzudenken, um sich bewußtzumachen, daß der Umgang mit Bildern, inneren wie äußeren, gar nicht selbstverständlich gelingt. Es bedarf offensichtlich einer Arbeit im Annehmen oder Abweisen von Bildern, im rechten Gestalten und im rechten Aufnehmen der Bilder. Wir können dieser Arbeit nicht dadurch ausweichen, daß wir auf das Bild verzichten: Unsere Sprache ist auf Bilder angewiesen, ebenso unser Denken, ganz abgesehen vom Sehen, das uns ständig eine Flut von Bildern beschert, die unser

Vorstellen und Denken prägen und die in den weiten Räumen unseres Gedächtnisses lagern, jederzeit bereit, gefragt, oft auch ungefragt, in uns wieder aufzutauchen und aus der Vergangenheit in die Gegenwart hineinzuwirken.

Angesichts der Flut von Bildern, die täglich auf uns eindringen, ist es verständlich, daß viele Menschen den Weg der Bildlosigkeit suchen, den die östlichen Religionen lehren: freiwerden von allen Vorstellungen und Darstellungen, um die reine, ungegenständliche Meditation zu erreichen. Die christlichen Meister lehren einen anderen Weg: Es geht nicht um die Beseitigung der Bilder, sondern um den rechten Umgang mit ihnen. Der erste und fundamentalste Grund für die positive Einstellung zum Bild (wie auch zur Musik!) ist der Glaube an den Schöpfer des Himmels und der Erde. Alles, was Sein und Dasein hat, existiert, weil es von Gott geschaffen, und somit von Gott erdacht und „gebildet" ist. Der Schöpfer hat alle seine Geschöpfe nach seinem Willen und Plan gebildet, so daß alle Geschöpfe Ausdruck, Spur und Bild göttlicher Planung sind. In dem Maße, wie unser Herz rein wird, wird es fähig, die Dinge als solche Bilder wahrzunehmen.

Die frühen christlichen Meister sprechen von dieser Sehfähigkeit als der *physikè theoria*, der „Schau der Natur", wobei sie darunter jenes Transparentwerden der Wirklichkeit verstehen, durch das die Dinge sich zeigen können, als das, was sie sind. Dazu bedarf es aber einer tiefen Läuterung unserer Phantasie, unserer Vorstellungen und Gedanken. Erst durch den Weg der Reinigung wird es möglich, daß die Gedanken Gottes, der schöpferische Funke, der in allen Dingen brennt, uns aufleuchtet.

Das erfordert zuerst die Reinigung der Gedanken, des Gedächtnisses und der Vorstellung. Vielleicht ist die Askese der Bilder heute mit die wichtigste Form der Askese. Sollen wir während der Fastenzeit nicht auch das „Bilderfasten" üben, indem wir deutlich den Bildkonsum einschränken? Vielleicht war der Trend zur kargen, kahlen Kirchengestaltung auch aus dem Gespür erwachsen, daß wir heute eine Beruhigung der Wahrnehmung brauchen, um überhaupt vor lauter Bildern nicht die Wirklichkeit zu verlieren.

Doch ist dieser Weg der Reinigung nur Vorbedingung. Nicht um die schiere Leere geht es, sondern um die neue Kraft der Wahrnehmung des geläuterten Herzens. Erstaunlich, mit welcher Entschiedenheit eine hl. Theresa von Ávila empfiehlt, wir sollten möglichst immer ein Bild Christi, Mariens oder der Heiligen vor Augen haben. Wir werden, was wir schauen. Theresa von Ávila hat ihre entscheidende Bekehrung erhalten durch den Blick auf Christus, den Schmerzensmann, den eine Statue ihres Klosters darstellte. Dieses Bild hat sie betroffen gemacht, es hat ihre Vorstellungen und Gedanken umgewandelt, hat sich ihrem Gedächtnis eingeprägt. Der stete Blick auf den, der sie in diesem Bild anblickt, hat ihr

Herz verwandelt. Aus solchem Schauen sind die großen Werke der christlichen Kunst hervorgegangen. Deshalb berührt ihre Schönheit bis heute. Sie führen zum Gebet, weil sie aus betendem Schauen erwachsen sind. Kunst wird hier zu lauterem Gotteslob.

II.
GOTT IM
MENSCHENGESICHT

Die Christus-Ikone

Max Picard schreibt in seinem Buch *Das Menschengesicht:* „Gott wollte den Menschen nicht schrecken. Darum erschien er bei ihm auf menschliche Art. So wie ein Freund in das Haus des Freundes kommt: ohne Lärm, kaum wird an die Tür geklopft, man merkt es nicht, daß der Freund auf einmal am Tische sitzt, wie ein Selbstverständlicher, einer, der immer schon da war, – so als Freund des Menschen ist Gott fast unbemerkt und ohne zu schrecken in der Gestalt des Menschen und im Menschengesicht darin. Und wie ein Reicher den Reichtum in seinem Hause zurückläßt, bevor er in das Haus des armen Freundes sich begibt, und wie er dort gering neben dem Geringen sitzt, so hat Gott seine Macht zurückgelassen, ehe er in die menschliche Gestalt sich begab."

Spricht der Schweizer Philosoph vom Menschengesicht hier im allgemeinen, oder meint er das bestimmte, einmalige Menschenantlitz, in dem Gott sich als Mensch gezeigt hat, das Antlitz Jesu Christi?

Er denkt wohl an beides, denn beide gehören untrennbar zueinander, das gottmenschliche Gesicht Jesu und das Gesicht des Menschen, der nach Gottes Ebenbild geschaffen ist. Es besteht ein unlösbarer innerer Zusammenhang zwischen der Gottebenbildlichkeit des Menschen und dem Kunstverständnis. Die Sicht der Kunst und die Sicht des Menschen bedingen sich gegenseitig. Genauer: Das Verständnis des Verhältnisses zwischen Gott und Mensch, zwischen Gott und Welt, prägt auch das Verständnis der Kunst, insbesondere der Sakralkunst.

Im Buch Genesis heißt es: „Gott sprach: laßt uns den Menschen machen nach unserem Bild, uns ähnlich" (Gen 1,26). Die beiden hebräischen Begriffe „Bild" und „Ähnlichkeit" erinnern an die Bildwerke der heidnischen Kulte. Freilich, nicht die Götterbilder stellen Gott dar, sondern der Mensch, Gottes lebendiges Ebenbild. Der Mensch repräsentiert Gott. Sein Antlitz ist Widerschein Gottes.

Wieso dann das Bilderverbot des Alten Bundes? Wieso das Gebot „Du sollst dir kein Bild machen, kein Abbild von dem, was im Himmel droben oder unten auf der Erde oder im Wasser unter der Erde ist" (Ex 20,4)? Nicht wir sollen uns ein Bild von Gott machen, sondern Gott selber hat uns von sich ein Bild gegeben: den nach seinem Bilde geschaffenen Menschen. Die strenge Pädagogie des Alten Bundes mußte immer neu den Versuchungen der Idolatrie, der Götzenbilder wehren. Der Abfall Israels mit dem

Goldenen Kalb (Ex 32) zeigt die ständig lauernde Gefahr, selber ein Gottesbild produzieren zu wollen und sich vor ihm niederzuwerfen. So sind vorerst alle Abbildungen von Lebewesen verboten. Doch wird Gott selber gewisse Bilder gestatten, so die eherne Schlange (Num 21,4–9) oder die Cherubim über die Bundeslade (Ex 25,10–22). Diese „Ausnahmen" sind Vorahnungen des Kommenden.

„Gott verbietet Israel, sich Bilder von ihm anzufertigen, weil das Volk, das er sich erwählt hat, ‚vorherbestimmt ist, dem Bilde seines Sohnes gleichgestaltet zu werden' (Röm 8,29). Gott verbietet dem Menschen den Versuch, den Steg der Götzenbilder zu ihm zu schlagen, weil er selbst zwischen sich und den Menschen die Brücke der Menschwerdung schlagen will. Das wahre Abbild Gottes wird Gott selbst sein, der Mensch wird, um die ganze Menschheit zu verherrlichen."[2]

Christus „ist das Ebenbild des unsichtbaren Gottes" (Kol 1,15). Er kann von sich sagen: „Wer mich sieht, sieht den Vater" (Joh 14,8). Die Menschwerdung Gottes ist die tiefste Begründung für die Möglichkeit, Gott in Menschengestalt, im Menschenantlitz darzustellen. Deshalb hat sich in der christlichen Tradition, trotz gelegentlicher Einsprüche, von früher Zeit an die bildliche Darstellung Christi, seines Lebens und Sterbens, seiner Heiligen und deren Leben durchgesetzt. Mit dem Verweis auf die Inkarnation hat dann auch das Konzil von Nizäa 787, das 7. Ökumenische Konzil, den Gebrauch und die Verehrung der heiligen Bilder gutgeheißen.

Wie sehr die christlich-abendländische Kunsttradition von dieser theologischen Grundlegung der Bilder geprägt ist, zeigt ein kurzer Vergleich mit dem Islam. Der Islam kennt zwar im Koran kein ausdrückliches Bilderverbot. Auch kennt er im profanen Bereich eine Vielfalt von weltlichen Bildthemen, die auch Menschendarstellungen einschließen. Was der Islam jedoch strikte ausschließt, ist die Darstellung Gottes in Menschengestalt.

Bei einem islamischen Kunsthistoriker habe ich gelesen, es gebe für den Islam im Grunde überhaupt keine materielle, innerweltliche Repräsentation Gottes, da Gott der Eine, Unvergleichliche sei. Die christlichen Kirchen seien erfüllt von menschengestaltigen Bildern; der islamische Gebetsort sei ausschließlich ein Ort des (geoffenbarten) Wortes. Die einzige Metapher für Gott sei in der Moschee der *Mihrab*, die Leuchte, die die Gebetsrichtung angibt. Keine Gestalt, sondern das gestaltlose Licht repräsentiert Gott. Die Kunst des Islam ist daher streng bildlos, ornamental und metaphorisch.

Die biblisch-christliche Überzeugung, daß Gott von sich selber ein Bild gegeben hat, im Umriß im Menschen, genau ausgeführt im menschgewordenen Gottessohn, bedingt eine grundlegend positive Einstellung zur bildlichen Darstellung des Glaubens. Als im 8. Jahrhundert im byzantinischen Bilderstreit die Berechtigung der bildlichen Darstellungen Christi und der Heiligen in Frage gestellt wurde, reagierten viele Christen, besonders Mönche, entschieden gegen den Bildersturm, in dem sie letztlich einen Angriff auf die ganze christliche Heilsökonomie sahen. In einem berühmten Text des hl. Johannes von Damaskus kommt dies besonders klar zum Ausdruck:

„In alter Zeit wurde Gott, der keinen Körper und keine Gestalt besitzt, bildlich überhaupt nicht dargestellt. Jetzt aber, da Gott im Fleische sichtbar wurde und mit den Menschen umging, kann ich das an Gott sichtbare Bild darstellen. Ich bete nicht die Materie an, sondern ich bete den Schöpfer der Materie an, der um meinetwillen selbst Materie wurde und es auf sich nahm, in der Materie zu leben, der mittels der Materie meine Rettung ins Werk setzte. Und ich werde nicht aufhören, die Materie zu verehren, durch die meine Rettung erwirkt ist.

Ich verehre sie aber nicht als Gott: keine Spur! ... Das Kreuzesholz, das überglückliche und überselige, ist vielleicht nicht Materie? Und ist nicht vor allem anderen der Leib und das Blut unseres Herrn Materie? Schaffe also die Verehrung und Anbetung all dieser Dinge ab oder überlasse der kirchlichen Überlieferung auch die Verehrung der Bilder, die durch Gottes und seiner Freunde Namen geweiht und auf diese Art durch die Gnade des göttlichen Pneumas beschattet sind. – Mach' die Materie nicht schlecht! Sie ist nämlich nicht ehrlos. Denn nichts ist ehrlos, was von Gott kommt …"[3]

Der Glaube an die Menschwerdung und die Erlösungstat Christi, an sein Wirken in den heiligen Zeichen der Sakramente, an seine Gegenwart in jedem Menschen, besonders dem Notleidenden, war jahrhundertelang der Mutterboden lebendiger, vielgestaltiger christlicher und selbst profaner Kunst. Eine Erneuerung christlicher Kunst wird von einer neuen Hinwendung zu Christus, dem Gott-Menschen abhängen, in dem Gott uns das vollkommenste Bild seiner selbst geschenkt hat.

III.
KUNST UND REALE
GEGENWART

Von realer Gegenwart heißt ein vielbeachtetes Buch des Literaturwissenschaftlers George Steiner. Es ist ein leidenschaftliches Plädoyer gegen die Flut von sekundären Eindrücken und für das ursprüngliche Erleben von Sinn, gegen das Reden über Kunst und für das Betroffensein von Kunst. Botho Strauß, der zu Steiners Buch ein kostbares Nachwort geschrieben hat, faßt dessen These so zusammen: „Überall, wo in den schönen Künsten die Erfahrung von Sinn gemacht wird, handelt es sich zuletzt um einen zweifellosen und rational nicht erschließbaren Sinn, der von realer Gegenwart des Logos-Gottes zeugt."

Steiner geht es um die Befreiung des Kunstwerkes von der Diktatur der sekundären Diskurse, das heißt der Rezensionen, des Tagesjournalismus, des „Redens über", es geht um die Wiederentdeckung des Kunstwerkes als realer Präsenz Gottes. Steiner spürt dem nach in Musik, Literatur, bildender Kunst. Kunst beruhte seit eh und je auf einem – meist nicht eigens bedachten, sondern vorausgesetzten – Vertrauen, dem Vertrauen, daß zwischen der Wirklichkeit der Welt und dem Wort des Menschen eine tragfähige Brücke besteht, daß das Wort (das gesprochene oder in Bild und Ton ausgedrückte) die Wirklichkeit widerspiegelt, bezeugt, nahebringt, daß die Wirklichkeit im Wort gegenwärtig ist. Weil dem so ist, bedeutet das Wort (im umfassenden Sinn aller menschlichen Ausdrucksformen) immer schon *Antwort*. Im Wort, besonders im Künstlerischen, antworten wir auf das, was sich uns zeigt, und diese Antwort hat immer auch etwas von Verantwortung: Wir dürfen nicht beliebig antworten auf das, was sich uns zeigt.

Vertrauen und Verantwortung gehören zusammen. Das „Ur-Vertrauen" in die Gutheit und die Zuverlässigkeit der Wirklichkeit ist die Voraussetzung dafür, daß wir ihr gegenüber auch Verantwortung tragen. Diese Sicht gründet letztlich in der metaphysischen Überzeugung, die auf der ersten Seite der Heiligen Schrift zum Ausdruck kommt: daß Gott der Schöpfer der Welt und der Menschen ist, und daß diese Welt und der Mensch als geschaffene „gut", ja „sehr gut" sind, daß der Mensch den Auftrag hat, alle Dinge zu benennen und daß er dazu fähig ist, weil sie sich ihm darbieten als das, was sie sind.

George Steiner nennt dies den „Vertrag" zwischen Wort und Wirklichkeit, und er zeigt, wie auf diesem Vertrauens- und Verantwortungsverhältnis alle großen Werke der Kunst basieren, die somit letztlich einen metaphysischen Grund haben. Erst in neuester Zeit sei dieser Vertrag gebrochen worden, als

Künstler und Philosophen darangingen, der Sprache und dem Kunstwerk jeden Wirklichkeitsbezug abzusprechen: die Sprache spricht nur mehr von sich selbst, das Kunstwerk verweist auf nichts anderes mehr als es selber, Text verweist wieder nur auf Text, Wort auf Wort, Bild auf Bild, keine Gegenwart Gottes, der Wirklichkeit und des Menschen zeigt sich mehr an. Kunst wird zum Spiel der Beliebigkeit, Sprache zerfällt in Sprachspiele, alles wird möglich, und damit auch gleichgültig. Die Freiheit der Kunst wird zwar gefordert, doch was ist Freiheit ohne Verantwortung?

Demgegenüber erinnert Steiner daran, daß eine Begegnung mit wirklicher Kunst immer etwas zu tun hat mit Erschütterung, ja Überwältigung, mit Staunen und Ehrfurcht. Das Kunstwerk, um ihm neu zu begegnen, sei zu behandeln wie ein Gast, ein Fremder, der plötzlich erscheint in unserem gewöhnlichen Alltag, dessen Ankunft Freude und leise Furcht begleiten. Ob man einem Kunstwerk begegnet sei, meinte Paul Valéry, erkenne man daran, ob es einen im Zustand der Inspiriertheit zurückläßt.

Botho Strauß geht noch einen Schritt weiter. Für ihn – und wie sollte es für uns nicht ebenso sein? – ist der tiefste Zugang zum Verstehen von Kunst das Geheimnis der Eucharistie, der Realpräsenz von Leib und Blut Christi in den Zeichen von Brot und Wein. Was hier in einzigartiger, unübertroffener Weise geschieht, ereignet sich in jedem Kunstwerk, besonders in der sakralen Kunst. Geschieht nicht das im Kultbild, in der Kirchenmusik: daß ein Ereignis der Vergangenheit wirklich „repräsentiert", vergegenwärtigt wird, zu „realer Gegenwart" wird? Ich denke etwa an das Credo in Bruckners f-Moll-Messe: wird hier nicht in erschütternder Weise gegenwärtig, was die Worte des Glaubensbekenntnisses sagen? Nicht Worte werden wiederholt, sondern Wirklichkeiten werden in der Gestalt der vertonten Worte Gegenwart. Wo demütig und in einer Haltung armer Offenheit auf dieses Kunstwerk eingegangen wird, kann sich solche Gegenwart als beglückendes Geschenk ereignen.

Ein anderes Beispiel sind die Kultbilder, besonders die Ikonen. Nach alter Auffassung ist es legitim, ein Mutter-Gottes-Bild nicht nur als Bild, sondern als die Mutter Gottes selbst anzusprechen. Die Mutter, die ihrem Kind eine Marienstatue zeigt und sagt: „Das ist Maria", hat recht: das ist Maria, unter der Gestalt von Holz, Farbe und Leinwand, so wie Bruckners Credo wirklich das Credo ist unter der Gestalt von Klang und Ton. Die Ikone ist, nach ostkirchlicher Auffassung, nicht so sehr ein Bildwerk, als vielmehr ein Fenster, durch das wir Maria selbst erblicken. „Der Maler wendet seine ganze Kunst an, um einen Vorhang zu öffnen, die Vision zu ermöglichen." George Steiners Buch und die weiterführenden Gedanken von Botho Strauß sind eine große Ermutigung für alle, die sich darum bemühen, durch

das Schaffen oder den Nachvollzug sakraler Kunst
„einen Vorhang zu öffnen", durch den etwas verko-
stet wird vom Trost, von der Kraft und der Herrlichkeit von Gottes realer Gegenwart.

IV.
DIE IKONE

Ausblick auf die kommende Welt

Unsere vierte und letzte Betrachtung zum Thema Ikone und heilige Bilder ist einem selten bedachten Aspekt gewidmet. Die Ikonen (und im weiteren Sinn jede echte sakrale Kunst) sind nicht nur Erinnerung an das, was „in jener Zeit" einmal, „ein für allemal" in der Menschwerdung, dem Leben, Leiden, Sterben und Auferstehen Jesu Christi geschehen ist. Sie sind nicht nur die Vergegenwärtigung Christi und seiner Heilsgeheimnisse. Sie sind auch so etwas wie ein Ausblick auf den Herrn, der in Herrlichkeit wiederkommen wird. Durch die Ikone Christi blicken wir in die kommende Welt.

In seiner Ikone begegnet uns Christus gewissermaßen als der schon Wiederkommende. Betrachten wir zuerst diesen Aspekt, um ihn dann auszuweiten auf die ganze Liturgie, denn die heilige Liturgie besitzt als Ganze diese drei Dimensionen: Gedächtnis des einmal Geschehenen, das in der liturgischen Feier gegenwärtig wird und in dem die kommende Herrlichkeit schon entgegenkommt.

Auf dem Ölberg sprechen die himmlischen Boten, die Engel, die Jünger an, die dem Herrn nachblicken

in seiner Himmelfahrt: „Dieser Jesus, der von euch
weg hinaufgenommen worden ist, wird ebenso wiederkommen, wie ihr ihn habt zum Himmel auffahren sehen" (Apg 1,11). Ihre Blicke folgen dem, der aus
ihrer Mitte hinweggenommen wurde. Die Verheißung, daß er ebenso wiederkommen werde, wie sie
ihn jetzt haben auffahren sehen, bedeutet den Auftrag an die zurückgebliebenen Jünger, an die Kirche,
sein Gedächtnis wachzuhalten, die Erinnerung an
sein Antlitz: Wie ihr ihn habt auffahren sehen, so
wird er wiederkommen!

Die Ikone ist Ausdruck dieser lebendigen Erinnerung: Sie gedenkt nicht nur eines Menschen aus ferner Vergangenheit, sondern dessen, der als Mensch
durch Leid und Kreuz verherrlicht wurde, der jetzt
lebt und „für uns beim Vater eintritt" und dessen
Wiederkunft uns verheißen ist. Die Ikone ist ein Bindeglied zwischen Menschwerdung und Wiederkunft,
zwischen erster und letzter Ankunft des Herrn. Von
daher verstehen wir, warum das Bekenntnis zur Berechtigung der heiligen Bilder in der alten Kirche
als Bekenntnis zu Christus selbst und zu seinem
Geheimnis verstanden wurde. Ihn darstellen in seiner Menschheit, sein menschliches Antlitz zeichnen
und anbetend betrachten, das bedeutet ein Bekenntnis zur wahren Menschwerdung des Sohnes Gottes,
aber auch zu seinem Tod und seiner Auferstehung.
Es bedeutet schließlich das Bekenntnis, daß er wiederkommen wird in Herrlichkeit.

So verstehen wir die etwas überraschende Formulierung des 8. Ökumenischen Konzils von Konstantinopel (869–870): „Wer also das Bild des Erlösers Christus nicht verehrt, soll seine Gestalt nicht sehen, wenn er in der Herrlichkeit des Vaters kommen wird" (Denzinger-Hünermann 655). Die Verehrung der Christus-Ikone ist sozusagen Einübung in das Schauen der kommenden Welt, denn der, den die Ikone darstellt, ist ja der, der wiederkommen soll in Herrlichkeit.

Die Ikonenmalerei stellt Christus und die Heiligen in einer ganz eigenen Art dar. Leib, Hände, Gesicht, die ganze Gestalt ist nicht naturalistisch abgebildet, auch nicht in heroischer Haltung dargeboten, sondern in einer ganz eigenen „verklärten" Ausdrucksweise. Tatsächlich will die Ikone etwas vom Glanz der verklärten Menschheit Christi einfangen. Nach einer alten Tradition malt der Ikonenmaler als erste Ikone die der Verklärung Christi.

In der verklärten Gestalt Christi hat die Ikone ihr „Urbild". Sie will Christus nicht mehr „dem Fleische nach" kennen, nicht ein menschliches Porträt Jesu bieten, sondern den Gottmenschen darstellen, der wahrer Gott und wahrer Mensch ist, unvermischt und ungetrennt. Daher ist der Leib Christi von innen her leuchtend, nicht mehr erdenschwer, sondern durchgeistigt.

Im Christusbild, in den Ikonen Mariens und der Heiligen begegnet uns die kommende Welt, die befreite Menschheit, der im Glanz Gottes stehende neue Mensch. Pavel Florenski hat in seinem Buch *Die Ikonostase* gezeigt, daß die Bilderwand, die in den ostkirchlichen Gotteshäusern den Altarraum vom Kirchenschiff trennt, nicht eigentlich eine Trennwand bedeutet, sondern eher so etwas wie eine Glaswand, die den Blick in die kommende, himmlische Welt freigibt, freilich noch unter der Hülle der Bilder, die erst fallen wird, wenn wir ihn selber von Angesicht zu Angesicht schauen. Dieser Aspekt ist nicht den Ikonen und heiligen Bildern eigen, er gilt für die Liturgie als Ganze.

Das hat das II. Vatikanum in seiner Liturgiekonstitution sehr schön ausgedrückt. Dort heißt es im 8. Artikel:

„In der irdischen Liturgie nehmen wir vorauskostend an jener himmlischen Liturgie teil, die in der heiligen Stadt Jerusalem gefeiert wird, zu der wir pilgernd unterwegs sind, wo Christus sitzt zur Rechten Gottes ...

In der irdischen Liturgie singen wir mit der ganzen Schar des himmlischen Heeres den Lobgesang der Herrlichkeit, in ihr verehren wir das Gedächtnis der Heiligen und erhoffen Anteil und Gemeinschaft mit ihnen. In ihr erwarten wir den Erlöser, unseren Herrn Jesus Christus, bis er erscheint als unser Leben und wir mit ihm erscheinen in Herrlichkeit."

Viel wäre zu sagen über diese „endzeitliche" Ausrichtung unserer Liturgie. Jede Feier der Liturgie ist
schon ein wenig, ja wirklich, wenn auch verborgen,
Wiederkunft Christi. Im Sanctus singen wir: „Hoch-
gelobt sei der da kommt im Namen des Herrn." Und
tatsächlich kommt er im Geschehen der Eucharistie,
in der Wandlung der Gaben von Brot und Wein in
seinen wahren Leib und sein Blut und somit er selber,
mitten unter uns. Sein Kommen in der Eucharistie
ist schon jetzt seine Wiederkunft, freilich noch verhüllt in der demütigen Gestalt seines Sakramentes.

Was so im Herzen der Eucharistie geschieht, wird
in vielerlei Ausdrucksformen der Liturgie noch be-
stärkt und in Erinnerung gerufen. So ist auch die
Verkündigung des Evangeliums *Parusie*, Ankunft
des Herrn, was durch das feierliche Hereintragen des
Evangeliars noch unterstrichen wird. Die Erwartung
der Wiederkunft kam jahrhundertelang etwa auch
in der Gebetsrichtung zum Ausdruck: fast alle älte-
ren Kirchen sind „orientiert", gegen den Orient, den
Osten hin gebaut.

Die Christen beteten bewußt gegen Osten gewandt
zum Ausdruck der Erwartung der Wiederkunft
Christi, der im Osten von Jerusalem zum Himmel
aufgefahren ist und der der aufgehenden Sonne
gleich wiederkommen wird. Weitere Aspekte ließen
sich anführen.[4]

Eigens zu erwähnen wäre hier sicherlich die Kirchenmusik, die immer auch ein Einstimmen in die

himmlische Liturgie bedeutet, ja, in der die unbeschreibliche Schönheit des Himmels schon ahnungsweise zur Gegenwart wird.

So ist die ganze Liturgie, von den heiligen Bildern und Zeichen angefangen bis hin zu ihrem Herzstück, dem Geheimnis der Eucharistie, ein sehnsüchtiges Ausschauen nach der Wiederkunft Christi. Die beiden Bedeutungen des aramäischen liturgischen Rufes *„Maranatha"* haben dabei Geltung: *„Marana tha"*, d.h. „der Herr kommt!"; und *„Maran atha"*, d.h. „Komm Herr!" Wenn der Glaube an sein Kommen und die Sehnsucht danach unser liturgisches Feiern bestimmen, wird er mit seiner Antwort nicht zögern: „Ja, ich komme bald!" (Offb 22,20).

ANMERKUNGEN

Christus, der Schönste unter den Menschen

1 Die Christus-Ikone (Schaffhausen 1984), S. 141 [vom Verfasser besorgte Neubearbeitung und Übersetzung des französischen Originals von 1976 – Anm. d. Ü.].

2 Vgl. Die Christus-Ikone, S. 226.

3 Ebd., S. 226 f.

4 Vgl. Assadhullah Souren Melikien Chirrani, L'Islam, le Verbe et l'image, in: F. Boespflug – N. Lossky (Hrsg.), Nicée II. 787–1987. Douze siècles d'images religieuses, Paris 1987, S. 89–117.

Der Mensch, ein Geschöpf Gottes: Grundlage der menschlichen Würde

1 Opuscula. Ed. Mandonnet, Bd. IV, S. 357.

2 Ebd.

3 Ich komme später auf das Wesen dieser grundlegenden Beziehung nochmals zurück.

4 Apologeticum 30, 3 (CSEL 69, S. 79, 13–16); vgl. dazu den Kommentar von Karl Rahner, Kirche und Staat im frühen Christentum, München 1961, S. 21–51.

5 Das Zweite Vatikanische Konzil geht noch weiter, wenn es sagt: „Secundum credentium et non credentium fere concordem sententiam, omnia quae in terra sunt ad

hominem tamquam ad centrum suum et culmen, ordinanda sunt (Gaudium et Spes, 12) – Es ist fast einmütige Auffassung der Gläubigen und der Nichtgläubigen, daß alles auf Erden auf den Menschen als seinen Mittel- und Höhepunkt hinzuordnen ist."

6 Brief an Diognet X, 1–2. In der französischen Übersetzung von H.-I. Marrou, Sources Chrétiennes 33, S. 210, Anm. 1, zitiert der Übersetzer und Kommentator eine Reihe von jüdischen und christlichen Parallelstellen zum Thema der Weltenschöpfung für den Menschen; diesen kann man noch folgende hinzufügen: Hirte des Hermas, Mand. XII, 47,2: „Weißt du nicht, wie groß, mächtig und bewundernswert die Ehre Gottes ist, da er die Welt für den Menschen erschaffen, diesem die ganze Schöpfung unterworfen und ihm die absolute Herrschaft über alles, was es unter dem Himmel gibt, übertragen hat?" (vgl. SC 53, S. 205); Aristides, Apol. I, 3; Justin, I. Apol. 10, 2: „Wir sind (…) gelehrt worden, daß (Gott) im Anfang, weil er gut ist, alles aus formloser Materie der Menschen wegen erschaffen hat"; II. Apol. 2, 5: sogar die Gestirne sind für den Menschen erschaffen worden! Dial. 41, 1; Theophilus von Antiochien, Ad Autol. I, 6; Lactantius, Div. inst. VII, 5, 3: Sicut ergo mundum non propter se Deus fecit, quia commodis eius non indiget, sed propter hominem, qui eo utitur, ita ipsum hominem propter se (CSEL 19, 750–754); Clemens, Strom. VI, 5, 40, usw. H.-I. Marrou zitiert ferner zwei jüdische Texte: Baruchapokalypse 14, 18–19; IV Esdras 6, 55; 59.

7 Vgl. dazu E. Garin, La „dignitas hominis" e la letteratura patristica, in: La Rinascità 1 (1938), S. 102–146, sowie H. de Lubac, Pic de la Mirandole, Paris 1974, S. 106–107.

8 Der Ausdruck stammt von H.-I. Marrou, a.a.O. (siehe Anm. 6), S. 77.

9 Inst. epit. 64, I (CSEL 19, 752).

10 In Gen. Sermo II, 1; PG 54, 587D–588A. Französische Übersetzung von P. Soler: Jean Chrysostome, La Genèse, Reihe «Les Pères dans la foi», Paris 1982, S. 46.

11 De natura hominis, PG 40, 532C–533A.

12 Die Bibliographie zu diesem Thema ist sehr umfangreich. In seiner Ausgabe der *Homélie sur le Prologue de Jean par Jean Scot Erigène* (SC 151, S. 336–338) gibt E. Jeauneau einen guten Überblick darüber. Er fügt seinerseits noch folgende Titel hinzu: M. T. d'Alverny, L'homme comme symbole. Le microcosme, in: Settimane ... di Spoleto 23 (1975), S. 123–183 (vgl. auch dazu seine Studie: La division des sexes chez Grégoire de Nysse et chez Jean Scot Erigène, in: Eriugena. Studien zu seinen Quellen, hrsg. von W. Beierwaltes, Heidelberg 1980, S. 33–54, hier: 38); religionsgeschichtlich: C. von Korvin-Krasinski, Mikrokosmos und Makrokosmos in religionsgeschichtlicher Sicht, Düsseldorf 1960; zu Thomas von Aquin: H. F. Manzanedo, El hombre como microcosmos segùn Santo Tomás, in: Angelicum (1979), S. 62–92. Siehe auch den schönen Text von M. Blondel in: L'Action, Paris 1893, S. 95.

13 Die christliche Polemik gegen die Vorstellung des Menschen als „Mikrokosmos" findet sich bereits bei Arnobius, Adversus nationes II, 25, aber in einem anderen Sinn als in der Kritik des Gregor von Nyssa (vgl. Anm. 18 u. 19): Arnobius kritisiert jegliche Verherrlichung des Menschen. Die Humanisten werden später diesen Begriff kritisieren, weil er den Menschen auf eine kosmische Synthese einschränkt und so aus ihm einen Sklaven der Natur macht; vgl. E. Garin, op. cit. (Anm. 7), S. 111, 113 f. und 125. Dieselben Autoren können ihm jedoch auch einen positiven Sinn geben. E. Jeauneau (siehe Anm. 12) verweist auf folgende Textstellen: Basilius (PG 31, 216A); Gregor von Nazianz (PG 36, 324A; 632A) und Gregor von Nyssa (PG 46, 28B); hinzuzufügen wäre noch: PG 44, 440C.

14 De opi. mundi §78 (Œuvres L. I, S. 193); andere Texte sind zu finden bei E. Urbach, The Sages, Jerusalem 1975, S. 784 f.

15 Sank. 108a und Gn. R. 28 (17a) wird von Billerbeck III, S. 248 mit anderen Texten angeführt.

16 De hom. opi. II (PG 44, 132D–133A; SC 6, S. 90 f.).

17 In gen. Sermo II (PG 54, 588AB).

18 Es muß angemerkt werden, daß Gregor hier eine restriktive Auslegung dieses Begriffs vornimmt, da er ihn auf die Zusammensetzung des Menschen aus den vier Elementen einschränkt. Nemesios (vgl. Anm. 11) verwendet das Konzept des Mikrokosmos in einem weiteren Sinn: Der Mensch ist das Bild der *ganzen,* sowohl der sinnenfälligen *als auch* der mit dem Intellekt erkennbaren Schöpfung.

19 De hom. opi. XVI (PG 44, 177D; SC 6, S. 151 f.).

20 In SC 6, S. 151 f., Anm. 2.

21 33, 4–5. Übersetzung von H. U. von Balthasar, Die apostolischen Väter, Einsiedeln 1984, S. 44; vgl. Pseudo-Ambrosius, De dignitate conditionis humanae (PL 17, 1018B): „Qui major honor potuit homini esse, quam ut ad similitudinem sui factoris conductus?" Zum hier angesprochenen Zusammenhang siehe C.-J. Pinto de Oliveira, Image de Dieu et dignité humaine, in: Freib. Zeitschr. f. Ph. u. Th. 27 (1980), S. 401–436. Die Literatur zum Thema der Gottesebenbildlichkeit ist so umfangreich, daß es mühsam wäre, die ganze Liste aufzustellen. Ein Verweis auf den exzellenten Exkurs, den Hans Urs von Balthasar diesem Thema in seiner *Theodramatik,* Bd. II, 1, Einsiedeln 1976, S. 289–305, widmete, wie auch auf den sehr ausführlichen Artikel „Bild Gottes" in der Theologischen Realenzyklopädie (J. Jervell, H. Crouzel, J. Maier, A. Peters), Bd. 6, S. 491–515, soll genügen.

22 Man braucht nur an die große patristische Epoche zu denken, oder an die „karolingische Renaissance", an die Blüte des Zisterzienserordens im 12. Jh., an Thomas v. Aquin, an die theologische Erneuerung unserer Zeit (M. J. Scheeben, K. Barth, usw.).

23 Scheeben bedauert zu Recht, daß die Schultheologie den Menschen zu sehr auf seine Definition als *animal rationale* eingeengt hat: „Darum wird durch sie (sc. die Vorstellung vom Bild Gottes) (…) nachdrücklicher, lebendiger und tiefer, als es durch den bloßen Regriff des animal rationale geschehen könnte, die Würde und Vortrefflichkeit des Menschen bezeichnet" (Dogmatik, § 146, in: Gesammelte Schriften, Bd. V, Freiburg 1961, S. 129 ff.).

24 Ph. Delhaye erinnert in seinem Artikel über die Geschichte dieses Textes daran, daß „in der patristischen Theologie vom Menschen als Bild Gottes ein Leitfaden gefunden wurde", der unterschiedliche Themen und Tendenzen integrieren konnte: Histoire des textes de la Constitution Pastorale, in: Vatican II (Coll. Unam Sanctam 65a), Paris 1967, S. 221.

25 Predigt beim Gottesdienst auf dem Flughafen Le Bourget in Paris (1. Juni 1980), in: Verlautbarungen des Apostolischen Stuhls, Nr. 21, S. 58.

26 Zitiert in: Origenes, Contra Celsum IV, 74; deutsche Übersetzung von P. Koetschau (München 1926), S. 395.

27 Ebd., S. 395; vgl. 396 f.

28 Ebd., IV, 76, S. 398.

29 Ebd., IV, 78, S. 400.

30 Ebd., IV, 81, S. 404. Vgl. dazu die Bemerkung von J.-H. Nicolas, De la dignité et de la responsabilité d'être un homme, in: Seminarium 32/22 (1980), S. 204–226: „Es ist einfach, sich lustig zu machen über den Anspruch des Menschen, ein Universum zu beherrschen, das ihn durch seine Dichte, seine Masse und seine Kräfte, die so oft ihr Spiel mit ihm treiben, erdrückt. So tat es auch Montaigne im 16. Jahrhundert (Essais II, 12; éd. La Pléiade, S. 427).

Es ist eine falsche Weisheit, die die Schwächen des Menschen zum Vorwand nimmt, um seine Bestrebungen zu verhöhnen ..."

31 Ebd., IV, 99, S. 427 f.

32 M. Borret in seiner Übersetzung von Origène, Contre Celse, IV (SC 136), S. 431, Anm. 3.

33 Lukrez, De rerum natura V, 77.

34 R. W. Kaplan, Der Ursprung des Lebens. Biogenetik, ein Forschungsgebiet heutiger Naturwissenschaft, Stuttgart 1972, S. 251 f.

35 Ebd., S. 252.

36 Ebd., S. 253.

37 Seneca, Epist., 76, 9 (= SVF III, 200a).

38 Ebd., 92, 97.

39 Vgl. z. B. Ambrosius, Hexam. VII, 40–50; PL 14, 272 ff.; Basilius, Hexam. X, 6–7; SC 160, S. 178–182; Thomas v. A., Ia, q. 93, a. 6 usw.

40 Johannes Paul II. merkt bei der Auslegung des „Fleisch von meinem Fleisch" in Gen 2,23 an: „Diese Ausdrucksweise weist auch darauf hin, warum der Leib ein wahrhaft menschlicher ist und somit darauf, was den Menschen als Person bestimmt, das heißt als Wesen, das auch in seiner ganzen Leiblichkeit (Gott) ‚ähnlich' ist" (Audienz vom 14. Nov. 1979).

41 Der Ausdruck „Dualismus" wird oft als negative Bezeichnung wahrgenommen. Man vergißt dabei aber, daß er sehr unterschiedliche Bedeutungen haben kann; vgl. dazu den ausgezeichneten Artikel von J. Seifert, Das Leib-Seele-Problem in der gegenwärtigen philosophischen Diskussion, Darmstadt 1979 (= Erträge der Forschung I, 117), S. 126–130, wo zwischen mindestens acht Bedeutungen des Ausdrucks unterschieden wird. Bezüglich der Frage der sogenannten „Hellenisierung" des

Christentums vgl. C. Pozo, Teologia del más allá, Madrid ²1980 (= BAC 282), S. 165–193 (Lit. 1). Man müßte hierzu das Werk von J. Priestley (1733–1804) studieren, das für diese Fragestellung hochinteressant ist, denn für ihn hat die ganze „corruption of Christianity" damit begonnen, daß der Leib-Seele-Dualismus ins Christentum Einzug gehalten hat; vgl. dazu vor allem Bd. III der *Theological and miscellaneous works,* Neudruck der Ausgabe von 1818–1833, New York 1972. Priestley ist einer der „Väter" der These von der Hellenisierung des Christentums.

42 Es sei hier an den wunderbaren Text in De Trin., LX, III, 5 bis X, 16 erinnert.

43 Die Studie von Seifert (Anm. 41) bietet eine ausgezeichnete Zusammenfassung über die Diskussion, die vor allem im angelsächsischen Raum stattfindet. Hinzuzufügen wäre die große Studie von Seifert, Leib und Seele, Salzburg 1973, sowie der brillante Essay von H. Jonas, Macht oder Ohnmacht der Subjektivität, Frankfurt 1981, der als Anhang zu seiner Ethik-Studie *Das Prinzip Verantwortung* konzipiert wurde. Es ist interessant zu sehen, daß Jonas es für notwendig hielt, den Materialismus zu widerlegen und die unbeugsame Realität des Geistes zu „beweisen", um seine philosophische Ethik begründen zu können.

44 Zu zitieren wären folgende seiner bedeutendsten Werke: Facing Reality. Philosophical adventures by a brain scientist, New York – Heidelberg – Berlin 1970; (mit H. Zeier) Gehirn und Geist. Biologische Erkenntnis über Vorgeschichte, Wesen und Zukunft des Menschen, München 1980; Das Rätsel Mensch. Die Gifford Lectures 1977–1978, München – Basel 1982; vgl. vor allem das in Anm. 69 angeführte Werk.

45 Ich denke hier zum Beispiel an die Bücher von J. Charon (L'esprit, cet inconnu; Mort, voici ta défaite, usw.) oder an das etwas weniger zweifelhafte, aber dennoch in seiner Auffassung vom Geist ebensosehr problematische Buch von G. Lazorthes, Le cerveau et l'esprit, Paris 1982.

Ich denke auch an die neognostischen Bewegungen, die eine ganze Reihe heutiger Wissenschaftler in Versuchung zu führen scheinen; vgl. das eigentümliche, aber bezeichnende Buch von R. Ruyer, La Gnose de Princeton. Des savants à la recherche d'une religion, Paris 1975.

46 „Am Anfang und am Ende aller Antworten auf die Frage: Was ist der Mensch? steht die Antwort der Offenbarung: Faciamus hominem ad imaginem et similitudinem nostram! Was heißt das aber, nach dem Bilde Gottes geschaffen zu sein? ... (Es) heißt, ursprünglich mitten im materiellen Sein und Dasein als Geist angelegt sein, Geist haben; denn Gott ist Geist, und wer nach seinem Bilde geschaffen ist, ist erschaffener Geist, auch wenn die Erschaffung von unten begann, mit dem Wunder der Materie und des Leibes ..." (Th. Haecker, Was ist der Mensch? Frankfurt 1959, S. 137 f.).

47 Es sei daran erinnert, daß Thomas von Aquin eben in diesen geistigen Akten des Liebens und Erkennens das Bild Gottes im Menschen ansiedelt (vgl. Ia, q. 93, a. 7: Primo et principaliter attenditur imago Trinitatis *in mente secundum actus,* prout scilicet ex notitia quam habemus, cogitando interius verbum formamus, et ex hoc in amorem prorumpimus). Vgl. L.-B. Gekier, L'homme image de Dieu. À propos de "Summa theologiae", Ia, 93,4, in: Riv. di Filos. neo-scolastica 64 (1974), S. 512–532.

48 Humanisme intégral, Paris 1936 – deutsche Übersetzung: Christlicher Humanismus, Heidelberg 1950, vgl. S. 62.

49 Christlicher Humanismus, S. 23. Vgl. die Beschreibung, die J. H. Newman von dieser Auffassung der Autonomie gibt: „We find there men possessed of many virtues, but proud, bashful, fastidious, and reserved. Why is this? It is because they think and act as if there were really nothing objective in their religion; it is because conscience to them is not the word of a law-giver, as it ought to be, but the dictate of their own minds and nothing more; it is because they do not look out of themselves, because they do not look through and beyond their own minds to their Maker, but are engrossed in notions of what is due to themselves, to their own dignity and their own consistency. Their conscience has become a mere self-respect" (The idea of a University, Disc. VIII, 5, London ³1881, S. 192).

50 K. Marx leitet daraus seine radikale Ablehnung der Schöpfungsidee ab: „Ein *Wesen* gibt sich erst als selbständiges, sobald es auf eigenen Füßen steht, und es steht auf eigenen Füßen, wenn es sein *Dasein* sich selbst verdankt. Ein Mensch, der von der Gnade eines anderen lebt, betrachtet sich als ein abhängiges Wesen. Ich lebe aber vollständig von der Gnade eines anderen, wenn ich ihm nicht nur die Unterhaltung meines Lebens verdanke, sondern wenn er noch außerdem mein Leben *geschaffen* hat; wenn er der Quell meines Lebens ist, und mein Leben hat notwendig einen solchen Grund außer sich, wenn es nicht eigene Schöpfung ist. Die *Schöpfung* ist daher eine schwer aus dem Volksbewußtsein zu verdrängende Vorstellung", in: Nationalökonomie und Philosophie, Frühschriften, Stuttgart 1953, S. 246.

51 Christlicher Humanismus, S. 23–25.

52 Dies ist der Titel eines glänzenden Essays von C. S. Lewis: The Abolition of Man, Oxford 1943; deutsche Übersetzung mit Einführung von H. U. von Balthasar: Die Abschaffung des Menschen, Einsiedeln 1979.

53 Vgl. H. de Lubac, Le mystère du Surnaturel, Paris 1965; vgl. auch den Text von Katharina von Siena, der am Ende dieser Ausführungen zu finden ist.

54 Siehe das Dossier (mit klassischen und christlichen Autoren) bei M. Pellegrino, Studi su l'antica apologetica, Rom 1947, S. 22, Anm. 1–3; in bezug auf die Überlegenheit des Menschen dank seiner Intelligenz, seiner Beherrschung usw. siehe die Texte bei Petavius, Paris 1866, Bd. 4, S. 230–242.

55 Vgl. die jüngsten Stellungnahmen von F. Inciarte, Theonomie, Autonomie und das Problem der politischen Moral, in der *Theologischen Revue* 78 (1982), S. 89–102, sowie von B. Schüller, Eine autonome Moral, was ist das?, ebd., S. 103–105.

56 Vgl. zum Beispiel Thomas von Aquin: „Quanto aliqua natura Deo vicinior, tanto minus ab eo inclinatur et magis nata est seipsam inclinare" (De Ver., q. 22, a. 4c).

57 Thomas von Aquin legt folgende Definition der *religio* vor: „Religio proprie importat ordinem ad Deum. Ipse enim est cui principaliter alligari debemus tanquam indeficienti principio; ad quem etiam nostra electio assidue ditigi debet, sicut in ultimum finem" (IIa IIae, q. 81, a. 1c).

58 Vgl. IIa IIae, q. 81, a. 2c.

59 Thomas von Aquin, Expos. super Symbolum, Ed. Mandonnet, S. 356; vgl. auch die sehr dichte Studie von P. Ulrich, Gebet als geschöpflicher Grundakt, Einsiedeln 1973.

60 Vgl. H. W. Wolff, Anthropologie des Alten Testamentes, München 1973, S. 141–149.

61 Vgl. Anm. 34.

62 Eine Erörterung der lehramtlichen Texte und der neueren theologischen Positionen (K. Rahner, P. Smulders) findet sich bei R. Schulte, Die Entstehung des (Einzel-)Menschen in der Sicht des Dogmatikers, in: N. Luyten (Hrsg.), Aspekte der Personalisation, München 1979, S. 37–101 (Grenzfragen, 1.8).

63 Die Hominisation als theologische Frage, in: P. Overhage – K. Rahner, Das Problem der Hominisation, Freiburg 1961, S. 79–84.

64 Zum Beispiel F. Böckle, in: Handbuch der christlichen Ethik (Hrsg. A. Hertz u. a.), Bd. II, S. 36–44; J. Feiner, Der Ursprung des Menschen, in: Mysterium Salutis, Bd. II, S. 562–583.

65 A.a.O. (siehe Anm. 63), S. 80, 84, 82.

66 Vers une idée thomiste de l'évolution, in: ders., Approches sans entraves, Paris 1973, S. 105–162; hier 133, Anm. 18.

67 A.a.O. (vgl. Anm. 63), S. 80 (meine Hervorhebung).

68 Vgl. Anm. 34.

69 Siehe den Dialog zwischen Sir Charles Popper und Sir John Eccles in ihrem gemeinsamen Buch *The Self and Its Brain. An Argument for Interactionism,* Berlin – Heidelberg – New York 1977, S. 559–561, in dem Eccles die Unmöglichkeit eines evolutionären Ursprungs des „selfconscious mind" (S. 560) unterstreicht.

70 Vgl. Ia, q. 75, a. 2. Thomas von Aquin hatte die geniale Intuition, zwei Zugänge, nämlich den augustinischen und den aristotelischen, miteinander zu verbinden und zu zeigen, daß die geistige Seele selbständig und zugleich auch „forma corporis" ist, sowie daß sie der Akt des Leibes ist, indem „sie ihren Selbstand dem Leib, den sie informiert, zukommen laßt" (J. Maritain, a.a.O., siehe Anm. 66, S. 130).

71 „Anima ... cum sit immaterialis substantia, non potest causari per generationem, sed solum per creationem a Deo. Ponere ergo animam intellectivam a generante causari, nihil est aliud quam ponere eam non subsistentem, et per consequens corrumpi eam cum corpore. Et ideo haereticum est dicere quod anima intellectiva traducatur cum semine" (Ia, q. 118, a. 2c.).

72 Deshalb bezeichnet Thomas die Lehre von der Hervorbringung der Seele durch menschlichen Samen nicht bloß als philosophischen Irrtum, sondern als Häresie.

73 b Nidda 31a, zitiert bei Billerbeck, Bd. III, S. 748 und IV, S. 8; vgl. auch das X. Kap. bei E. Urbach, a.a.O. (siehe Anm. 14), S. 212–254, das einen guten Überblick über die rabbinische Anthropologie gibt.

74 Die thomistische Position einer sukzessiven Beseelung findet heute wieder Anhänger, obwohl man sie bereits für endgültig überholt gehalten hatte (vgl. H. André, in:

Deutsche Thomasausgabe, Bd. 8, S. 601 f.); sie wird wieder aufgegriffen von J. Maritain, op. cit. (siehe Anm. 66), von F. Böckle, op. cit. (siehe Anm. 64), der auch andere Autoren, die dahin tendieren, nennt. Diese Position wird heftig angefochten von E. Blechschmidt, z. B. in seinem Artikel *Zur Personalität des Menschen,* in: Intern. Kath. Zeitschrift (Communio) 11 (1982), S. 171–181 (Lit. I).

75 Thomas von Aquin, Prol. in II Sent.

76 J.-M. Garrigues, Dieu sans l'idée du mal, Ed. Critérion, Limoges 1982, S. 63 f. Siehe auch das schöne Wort von Rabbi Akiba in *Avot* III, 14: „Der Mensch ist ein geliebtes Wesen *(habib):* er ist erschaffen als Sein Bild! Und die Liebe ging noch weiter, denn es wurde ihm *offenbart,* daß er nach Seinem Bild erschaffen worden ist"; vgl. auch den schönen rabbinischen Text, den E. Urbach zitiert und kommentiert (siehe Anm. 14, op. cit., S. 217): „The starting point is God, not man. In the way man was created and in the form that the Creator gave him, two principles find expression – that of human unity and that of the individual worth of each man. Hence man was created a single individual ... and for the sake of peace among men, that one should not say to his fellow: My father was greater than yours ... and to declare the greatness of the Holy One, blessed be He, for a man stamps many coins with one seal, and they are all identical, but the King of kings stamped every man with the seal of the first man, and non is identical with his fellow. Therefore it is the duty of every one to say: For my sake the world was created" (M. Sanhedrin IV, 5).

77 J.-M. Garrigues, op. cit., S. 43.

78 Ebd., S. 51 f.

79 Ebd., S. 53; vgl. auch die Enzyklika *Familiaris consortio,* § 30.

80 Viele Schriften wollen heutzutage eine psychotherapeutische Methode fördern, die auf der Reinkarnation basiert: zum Beispiel D. Desjardins, La mémoire des vies antérieures, Paris 1980; Morey Bernstein, Protokoll einer Wiedergeburt, Berlin 1965, u. a.

81 Vgl. dazu den hervorragenden Essay von P. Secretan, Connaissance empirique de la culpabilité, spéculation sur le mal, confession du péché, in: Le Supplément, Nr. 120–121, März 1977, S. 65–74.

82 J.-M. Garrigues, op. cit. (Anm. 76), S. 69. Ich darf auf die komplette, sehr tiefe und scharfsichtige Studie verweisen.

83 *Avot* von R. Nathan, Version I, XXXI, S. 46a, zitiert bei E. Urbach, op. cit. (Anm. 14), S. 218.

84 Tosefta Sanhedrin VIII, 4–5; T. B., ebd., IV, 12–13, S. 22b; T. B. ebd., 38a; zitiert bei E. Urbach, ebd.

85 Katharina von Siena, Dialog, 13.

Leben in Fülle

1 R. Kunze, Das weiße Gedicht, Frankfurt a. M. 1989, S. 175–179.

2 Augustinus, Bekenntnisse X, 27,38–28,39.

3 Gustavo Gonzales/Donald Brown/Peter D. Ward, Lebensfeindliches All, in: Spektrum der Wissenschaft (Dezember 2001), S. 38–45.

4 P. D. Ward/Donald Brownlee, Rare earth. Why complex life is uncommon in the universe, New York 2000; dt: Unsere einsame Erde. Warum komplexes Leben im Universum unwahrscheinlich ist, Berlin 2001.

5 Fred Heeren, Home Alone in the Universe?, in: First Things Nr. 121 (March 2002), S. 38–46.

6 Heeren, Home Alone in the Universe?, S. 40.

7 Chartularium Universitatis Parisiensis. Hg. v. H. Denifle/A. Chatelain. Bd. 1, Paris 1891, S. 544, dt. in: K. Flasch, Geschichte der Philosophie in Text und Darstellung. Bd. 2 Mittelalter, Stuttgart 182, S. 358–362; vgl. ders., Das philosophische Denken im Mittelalter. Von Augustin zu Machiavelli, Stuttgart 1986, S. 373 f.

8   C. S. Lewis, Perelandra (1943); dt: Die Perelandra-Trilogie, 3 Bde., Bd. 2: Perelandra, Moers 1995.

9   Heeren, Home Alone in the Universe?, S. 42.

10   Gonzalez/Brownlee/Ward, Lebensfeindliches All, S. 39.

11   Ward/Brownlee, Unsere einsame Erde, S. 20 f.

12   Ebd., S. 11.

13   Zit. in Heeren, loc. cit., S. 45 f.

14   Zit. nach Peter Seewald in: Joseph Kardinal Ratzinger, Gott und die Welt. Glauben und Leben in unserer Zeit, Stuttgart/München ²2000, S. 98.

15   Ward/Brownlee, loc. cit., S. 79.

16   Pastoralkonstitution über die Kirche in der Welt von heute *Gaudium et spes* Nr. 24,3; Katechismus der Katholischen Kirche (KKK) Nr. 356.

17   Joseph Kardinal Ratzinger, Gott und die Welt, S. 12.

18   Jan Roß, Der Papst Johannes Paul II. Drama und Geheimnis, Berlin 2000, S. 174.

19   Ebd.

20   Ebd., S. 176.

21   Vgl. ebd., S. 178.

22   Johannes Paul II., Evangelium vitae 101

23   Vgl. Evangelium vitae 2; Redemptor hominis 14.

24   Vgl. Evangelium vitae 2.

25   Zit. in Roß, op. cit., S. 45.

26   Gaudium et spes 22,1; KKK 359.

27   Zit. in Roß, op. cit., S. 185 f.

28   Evangelium vitae 29.

1   Herrlichkeit, Bd. 1, S. 37 f.

2   D. Barthélemy, Gott mit seinem Ebenbild. Umrisse einer biblischen Theologie, Einsiedeln 1966, S. 129.

3   1. Rede über die Bilder, Par. 16; zitiert nach: H. Hunger, Byzantinische Geisteswelt, Baden-Baden 1958, S. 121 f.; vgl. N. Thon, Ikone und Liturgie, Trier 1979, S. 57 f., und mein Buch: Die Christus-Ikone. Eine theologische Hinführung, Stein am Rhein 1984, S. 184–185.

4   Pfarrer Dr. Erwin Keller hat ihnen eine einfühlsame Studie gewidmet: Eucharistie und Parusie, Fribourg/ Schweiz 1989.

NACHWEISE

Christus, der Schönste unter den Menschen

Vortrag anläßlich des Kongresses der kirchlichen Bewegungen und der Neuen Geistlichen Gemeinschaften in Rocca di Papa am 24. Juni 2006. Aus dem Französischen übersetzt von Maria Linnig.

Der Mensch, ein Geschöpf Gottes: Grundlage der menschlichen Würde

In *Esprit et vie* 93 (1983), S. 433 ff., erschienener Artikel. Aus dem Französischen übersetzt von Maria Linnig.

Leben in Fülle

Festvortrag anläßlich der Salzburger Hochschulwochen, 4. August 2002.

Kunst und reale Gegenwart

Vier Betrachtungen zu Kunst und Glaube. Schriftenreihe der Kulturstelle der Erzdiözese Nr. 2, Wien ²1997.